K.G. りぶれっと No. 39

復興と居住地移動

リスクデザイン研究センター（関西学院大学特定プロジェクト研究センター）
NPO 法人リスクデザイン研究所［共編］

関西学院大学出版会

はじめに

本書は、東日本大震災復興・後方支援ユニット＠神戸（現ＮＰＯ法人リスクデザイン研究所／関西学院大学特定プロジェクト研究センター「リスクデザイン研究センター」）が発行するフリーペーパー『Ａｎｔｅｎｎａ』に掲載された論考を編纂したものである。『Ａｎｔｅｎｎａ』は、日本災害復興学会の助成を得て、２０１２年７月に創刊した。以来、３年以上が経過したが、当初の編集方針は今も変わっていないため、ここに再掲しておきたい。

さしあたり、以下の３点を編集方針として掲げます。第１に、被災地の支援を行う人々を支援するための情報を発信することです。被災地を直接支援することは私たちには難しく、しかし支援者とのネットワークは多様に築かれつつあります。それらを通した支援があり得ると考えました。第２に、復興に向けた提案ではなく、提案に先立つ、基礎的な知見やアイディアに重点を置くことです。私たちは被災地の現状や歴史には詳しくありませんし、またすでにたくさんの優れた提案活動が行われています。「応用」の真っ只中にある被災地において、それらの提案を十分に生かすためにも、基礎的な視点の提供は一定の意義を持つのではないかと考えました。第３に、できるだけ多くの若い書き手の参加を得ることです。早期生活再建を急ぎつつも、被災地の本格復興には長期を要すると予想されます。そのプロセスは、私たちが復興支援のあり方を議論し、コミュニティ再生の道筋を模索し、津波災害の教訓を確認しながら減災対策の方途とリスクに向き合う生き方を問うための時間であり、とりわけ若手にとってはそうであるはずです。そういった若手の記録を蓄積しておくツールとしても機能させたいと思っています。

いずれにせよ、私たちに作ることができるのは、ほんのささやかなメディアに過ぎません。けれども、阪神・淡路大震災における無数のかわら版やミニコミ紙がそうであったように、被災地に必要な情報を下支えするのは無数の小さなメディアの多様な存在に違いありません。私たちの試みもまたそのひとつとして、わずかなりとも共感を得ることのできるものでありたいと思っています。

（『Ａｎｔｅｎｎａ』Ｖｏｌ．１より）

『Ａｎｔｅｎｎａ』は、２０１５年9月時点で第15号を数える。のべ執筆者数は61名、このうち11名は大学院生である。

なお、このたびの編纂にあたっては、それぞれの執筆者が加筆・修正を行っている場合があり、掲載当時のものとは若干の異同がある。また復興過程の「記録」としての性格上、被災状況や制度の内容等は必ずしも最新のものにアップデートはしていない。ご了承願いたい。

執筆者の方々には、きわめてタイトなスケジュールのなか、原稿の見直し、修正等を行っていただいた。この場を借りてお礼申し上げる。関西学院大学総合政策学部からは、思いがけなく、このような公刊の機会をいただいた。現在、『Ａｎｔｅｎｎａ』の発行部数は１５００部であり、配布ルートも限られている。この公刊が、少しでも多くの方の、被災地を思い描く機会につながることを願っている。

２０１５年9月

田中正人
ＮＰＯ法人リスクデザイン研究所理事長
リスクデザイン研究センター客員研究員

目次

第3章　オンサイトの支援者に学ぶ

第1章

居住地選択をめぐる論点

1 「住み続ける」と「住み替える」

居住の選択肢

堀田 祐三子

日本ではいったん住宅を所有すると、住まいのニーズにあわせて住み替えるということは、そう一般的なことではない。潜在的な需要は小さくないと考えられるが、住み替えが気軽に行えるような仕組みは限定的であり、実際に住み替えをしようと思うと、経済的にも精神的にも、大きな負担がかかるのが現状である。したがって、このような場合には「住み続ける」ことを余儀なくされている関係が生じていることになる。

こうした関係は、モノや情報そして人の移動（モビリティ）が世界規模で進展し、また少子高齢・人口減少が進むなかで、徐々にそのひずみを大きくしており、それは、現実には新たな住宅問題としてさまざまなかたちで顕在化しつつある。たとえば、単身高齢者が庭付き一戸建てをもてあます一方で、子育て世帯が家賃負担の大きい狭小住宅に住まわざるを得ないといった居住のミスマッチの問題はその1つである。空き家が顕著に増加しているにもかかわらず――これは潜在的な供給可能性の拡大を意味する――、現実にはこのことが潜在的な需要の顕在化となかなか結びつかない。言い換えれば中古住宅の流通

少子高齢化
日本の高齢化率は2014年10月1日時点で24・1％に達している一方、15歳未満の年少人口の割合は13・0％である。また、合計特殊出生率は、2014年は1・42となっている。

居住モビリティ
家族のかたちや、仕事、余暇の過ごし方等にあわせて住宅や居住地を選び、移動すること。またその移動のしやすさ。

が活性化しないという問題が、この種のミスマッチと表裏の関係をなしている。「住み替えられる」ということは、居住者の居住の選択肢を増やすことであり、居住の安定が阻害される状況からの完全な解放を前提としている点で、「住み続けられる」ことを目指す段階よりも、多様な居住のあり方を追求する段階へのステップアップである。将来的には、ライフステージや、職や余暇時間の使い方等にあわせた住宅および居住地を選択する居住モビリティが高まることが期待できよう。住み替えの促進は、「住み続けたい」という意向を否定したり、排除したりするものではなく、あくまで人びとの多様なライフスタイルや価値観に基づいた住選択を尊重することを意図している。

住み替えが地域における人と人とのつながりを断絶するという懸念もあろう。しかし人の移動は、新たな発見や人とのつながりを生み出す可能性も含んでいる。居住ニーズは今や単に住宅というハコに対してのみ示されるものではなく、その住宅が立地する地域空間・地域コミュニティのあり方をも含んだものとして提示されるのであり、その意味において住み替えは、良好な地域空間とコミュニティ形成にもプラスの影響をもたらすことが期待できよう。

ただし、ここで論じている「住み替え」促進は、どのような生活をどのような住まいで送りたいのかという居住者自身の意向と主体性を前提にしている。

そしてそうした住み替えニーズの顕在化が進み、地域コミュニティが住み替えしてくる人を地域の一員として迎え入れ、また住み替えて地域を離れる人ともつながっていられるような社会関係を取り結ぶことができるようになれば、「住み替え」はもっと一般的な現象となり、「住み替え」に対する不安もしだいに払拭できるのではないだろうか。

この意味において、東日本大震災の復興プロセスにおける住宅再建や高台移転の問題は、住み続けるか、住み替えるかという選択を迫られての「住み替え」や「住み続け」であって、「住み替え」（すなわち居住の選択肢の保障）を論じる以前の問題である。現時点では平時においてすら困難を感じる「住み替え」が、被災時においてどれほどの困難があるかは想像に難くない。モビリティという観点から自らの居住のあり方を見直してみることも、今後想定される南海・東南海地震に備えて必要なことなのである。

東日本大震災
２０１１年３月11日発生。地震の揺れや巨大な津波による被害などによって、死者・行方不明者は１万８０００人を超えている。

南海・東南海地震
東海地震も含めて、南海トラフにおける連動型巨大地震として想定されている。

2 東日本大震災以前の防災集団移転促進事業をふり返る

小川 知弘

高台移転
東日本大震災の被災地においては、津波などによって被災した地区の、高台への集団移転が進められている。

東日本大震災の被災地において、復興まちづくりの一環として津波被害を受けた地区の高台移転などのために防災集団移転促進事業が多くの地域で進められている。２０１４年9月末の時点において防災集団移転促進事業の大臣同意がすんだのが３４２地区、工事着手が３２４地区となっており、工事着手地区を県別にみると、宮城県が１８８地区、岩手県が91地区、福島県が41地区、茨城県が２地区となっている。また、防災集団移転促進事業が実施される市町村は25市町村となっている。では、東日本大震災の被災地で大規模に実施されている防災集団移転促進事業とはどのようなものなのか、東日本大震災以前の防災集団移転促進事業に焦点をあてて捉えてみたい。

防災集団移転促進事業は、１９７２年7月に発生した梅雨前線による集中豪雨による豪雨災害等への対応が求められたことから、同年に「防災のための集団移転促進事業に係る国の財政上の特別措置等に関する法律」が議員立法によって制定されたことによって制度化されたものである。防災集団移転促進事業の対象は、「豪雨、洪水、高潮その他の異常な自然現象による災害が発生した地域」となっており、あらゆる種類の災害による危険を対象とし、「災害が発生した地域又は災害危険区域のうち、住民の居住に適当でないと認められる区域内にある住居の集団的移転を促進するため、当該地方公共団体に対し、事業費の一部補助を行い、防災のための集団移転促進事業の円滑な推進を図る(1)」ものである。防災集団移転促進事業においては、被災地域や災害危険区域を対象に移転促進区域を設定し、移転促進区域から住民の集団的移転を促進し、移転先の住宅団地や公共施設を地方公共団体が整備するとともに、移転者に対する住宅建設費用や移転費用の補助も市町村が行うという特徴がある。さらに、移転前に住んでいた場所に対しては建築制限をかけて、再び住宅が建設されることがないようにするという対応がなされている。

東日本大震災発生以前の段階で、防災集団移転促進事業は17都道府県、延べ35市町村において１８５４戸の移転が行われている。これらを原因となった災害別にみると、集中豪雨・大雨・台風被害が18市町村９４４戸の移転で最も多く、続いて火山の噴火活動が原因となっている移転が6市町村５９８戸、地震を原因としている移転は5市町２１７戸であり、地すべり・山くずれ等を原因としている移転（その背景には豪雨災害等がある場合も含む）は5市町村74戸、雪崩を原因としている移転が１村21戸となっている。また、防災集団移転促進事業が実施された年代を事業開始年度でみると、１９７０年代に実施されたものが９９６戸で東日本以前の防災集団移転促進事業における移転戸数全体の約54％を占めている。そして、１９８０年代には３８０戸が、１９９０年代には１９１戸が、２０００年代には２８７戸が移転している。

防災集団移転促進事業を実施した市町村の特徴についてみてみると、大部分が離島振興法・過疎地域自立促進特別措置法・豪雪地帯対策特別措置法などに指定された地域となっている点が指摘できる。具体的には、防災集団移転促進事業を実施した35市町村のうち25市町村が過疎地域自立促進特別措置法で指定されており、16市町村は豪雪地帯対策特別措置法に指定されている。また、三宅島（三宅村）と奥尻島（奥尻町）の２カ所が離島振興法に基づく離島対策実施地域に指定されている。一方で、離島振興法・過疎地域自立促進特別措置法・豪雪地帯対策特別措置法のいずれにも指定されていないのは、５市町村だけである。

防災集団移転促進事業の原因となった主な災害には、古いものから順に１９７２年７月の梅雨前線による集中豪雨、１９７４年７月の台風８号、１９７６年の台風17号、１９７８年６月の宮城県沖地震、１９８３年10月の三宅島噴火、１９９１年６月の雲仙普賢岳噴火、１９９３年７月の北海道南西沖

離島振興法

離島地域の産業基盤および生活環境の整備等を行うことで、離島の自立的発展を促進することを目的に、１９５３年に制定。

過疎地域自立促進特別措置法

過疎地域の自立促進を図り、住民福祉の向上や雇用の拡大などを目的としている。

豪雪地帯対策特別措置法

豪雪地帯における雪害の防除や産業等の基礎条件の改善を行うことを規定している。

地震、２０００年3月の有珠山噴火、２００４年10月の新潟県中越沖地震、そして２０１１年3月の東日本大震災がある。このうち、新潟県中越沖地震については、移転先の住宅団地の最低規模が、10戸以上であるところを5戸以上に要件が緩和され、一般地域よりも高い補助基本額の適用などの措置が行われた。なお、東日本大震災でも同様の措置や、住宅団地に関連する公益的施設の用地取得造成費が補助対象に追加されている。

注

（1）国土交通省（http://www.mlit.go.jp/crd/city/sigaiti/tobou/g7_1.html）２０１２年7月4日閲覧。

参考文献

水谷武司（１９８２）「災害危険地集落の集団移転」『国立防災科学技術センター研究報告』第29号19-37頁。

復興庁『復興推進委員会第17回議事録　参考資料1-1「復興の現状」』（http://www.reconstruction.go.jp/topics/main-cat7/sub-cat7-2/20141113_sanko1-1.pdf）２０１５年1月20日閲覧。

国土交通省『防災集団移転促進事業実施状況』（http://www.mlit.go.jp/common/001034433.pdf）２０１５年1月20日閲覧。

三宅島

伊豆諸島の島で、２０００年の噴火では２００５年まで全島避難が行われた。

奥尻島

１９９３年7月12日の北海道南西沖地震で、津波や火災によって大きな被害を受ける。

雲仙普賢岳噴火

長崎県の島原半島にある雲仙普賢岳で、１９９１年に大規模な火砕流が発生し、死者・行方不明者43名の被害が発生した。

3 災害後の地域再建と安全について

荒木 裕子

気仙沼の港町である内湾地区は、その名の通り気仙沼湾からさらに窪のように入り込んだ小湾を取り囲んでいる。都市的な機能をもちながら、その地形にそって並ぶ建物群が、湾形と湾に向かう傾斜をさらに強調し、かえって自然というものを意識させる。立つ位置によっては対岸がすぐそこにあり、また防潮堤のない海と陸が非常に近くて、海も含めて1つの領域のように認識させられる。それと同時に船が停泊し、出入りするさまは、あたりまえのことだが、この先は海であり、ここが陸と海をつないでいる場所なのだとも示している。

「海と生きる」というのは、気仙沼市の東日本大震災からの復興計画のキャッチフレーズだ。どのように海と生きていくのか、復興過程ではそれが問われている。震災後、気仙沼の内湾地区では防潮堤とまちづくりについての議論が行われてきた。被災リスクに対して安全をどう確保するのかということと、復興における地域再建は、本来同じ地域課題であろうが、時として対立しているかのような状況がみられる。その1つの要因として、立場の違いによりかたちづくられるリスクが異なるということが考えられないか。復興におけるリスクは

気仙沼市
宮城県北東部に位置する。東日本大震災では、地震による被害だけでなく、津波や火災、地盤沈下などで大きな被害を受けている。

防潮堤
大波や高潮、津波などによる被害を防ぐ目的で設置される堤防。

災害に対するものだけではない。ここではこのリスクという視点から、気仙沼の事例をもとに災害後の安全と地域再建について考えていきたい。

◆防潮堤に関するリスク認知の違い

内湾地区は商業を中心とする南町と、船舶向けの問屋などが集う魚町、商店と市役所などが混在する八日町、魚町の後背地となる入沢、太田、そして魚市場へつながる港町から構成されている。地区には東日本大震災が起きる前から、港としての機能と景観を重視して、防潮堤が設置されていなかった。

被災後、防潮堤建設により発生頻度の高い津波（L1津波）を防御しようとする宮城県に対し、内湾地区でも特に、海に直接面する南町と魚町の住民組織は、防潮堤を不要であると考えていた。それには大きく2つの理由がある。

◆住民組織の考えるリスク

その1つは防潮堤がなくても、避難行動により被災リスクが低減できると考えていることであった。前述のように防潮堤のなかった内湾地区では、津波のたびに浸水し、ゆえに南町、魚町では津波に対する危機意識も高かった。東日本大震災の当日も南町、魚町ともに後背地の高台や建物の上階に避難が行われている。これにより、避難行動をとったものは助かっているという認識があった。東日本大震災で浸水したのが2階までであったことから、防潮堤をつくらなくても建物の1、2階は商業施設等として利用し、その上階に住居を設けるのであれば、高台への避難行動とあわせて津波に対して安全が確保できるとの考えがあった。

防潮堤の必要を認めないもう1つの要因は、防潮堤の建設により別のリスクが発生するということであった。これには内湾地区の近年の状況が関係している。気仙沼市の顔であり、漁船漁業を基盤として栄えた内湾地区であったが、遠洋漁業の衰退や郊外型店舗の進出にともない、被災以前から最盛期の活気は失われていた。

震災を機に、内湾地区の地域資源を生かしたまちの再生を図り、観光客や居住者を呼び戻そうと考える住民らにとって、防潮堤の建設は、それによって景観や親水性が損なわれ、地域内の魅力が減り、地域としての価値が下がることだと考えられた。これに加え、防潮堤用地の買収や工事に時間がかかることによってまちの再建が遅れ、その間に人口や店舗の流出に拍車がかかることを恐れていた。

親水性
水と親しむこと。

◆浮上式防潮堤案の検討

南町、魚町の住民組織はそれぞれ独自に将来のビジョンを描き、2011年秋ごろには市長や県知事に対し嘆願書を提出している。一方で気仙沼市に対しても、内湾地区の復興について各方面からまちづくりのアイディア提案が集まっていた。これらの動きを受け、2012年の1月から4月にかけて気仙沼市は内湾地区の復興案について、安全計画を含むアイディアコンペを行っている。

100以上の応募案のうち、陸上に防潮堤をつくらず、平時は海中にあって津波来襲時に浮上する、浮上式防潮堤案が2つあった。最優秀賞に選ばれたのは、このうちの1つであった。これは浮上式防潮堤であれば、景観や土地利用を阻害せず、かつ海上の工事であるため、かさ上げ工事などの陸上の工事が並行して行えることが評価された結果であった。

浮上防潮堤案に投票した住民組織のあるメンバーは次のように語っていた。「津波が来たときに防潮堤が上がらなくてもいい。上がろうが上がるまいが自分たちは走って逃げるから。陸上での防潮堤建設に時間を取られたくなかった」。

◆再び陸上案の検討

2012年6月、コンペを機に内湾地区まちづくり協議会が気仙沼市によって設置され、関係者による協議の場が設定された。しかし内湾地区の港湾管理者である宮城県は、コンペは市が独自に行ったもので、また浮上式防潮堤の津波に対する実績がなく、安全性は担保されていないとして、浮上防潮堤案を採用しない姿勢を示す。これにより防潮堤の議論は振り出しに戻り、新たに議論を行うことになった。県はL1レベル津波への対応を絶対としており、当初T.P.+6・2メートル、後にシミュレーションの見直しによる同5・1メートルの基準高さを譲らなかった。

土地に多少の奥行きがある南町は、防潮堤に傾斜をつけ、景観や土地の一部として利用するとして検討を行うことができた。しかし土地に奥行きがなく、海に面して細長い魚町は、防潮堤の基壇により利用できる土地が大幅に減る恐れがあった。そのため魚町は直立式防潮堤とすることで検討が進められることになった。

◆復興まちづくりにおける安全の考え方

以上、気仙沼市内湾地区における防潮堤を取り巻く経過をみてきた。地域と

T.P.
「Tokyo Peil」の略で、東京湾平均海面のこと。

ハリケーンカトリーナ
2005年8月にアメリカ合衆国を襲ったハリケーン。ニューオリンズ市が水没するなど甚大な被害が発生した。

しては、防潮堤建設により地域の価値が下がることや、防潮堤の建設、土地の買収に時間がかかり、その間に人口や店舗が流出してしまうことを防潮堤建設によるリスクと考えていた。そもそも県が津波防御として防潮堤の建設を考えているのに対して、地域住民等は防潮堤による被災リスク低減を期待していなかった。

住民らは災害現象について無知なわけではなく、津波を過少評価しているわけでもない。彼等にとってのリスクが、県を中心とする防災事業施策者の考えるリスクと異なっていることが、別の選択肢を望ませたといえる。

内湾地区以外の地域・地区でも防潮堤をはじめ、安全と地域再建に関して議論が行われている。事業の施策者が、住民らに理解を求めるとして、一方的に説明を行っても、そもそも保有するリスクやリスク認知自体がずれているとすれば、その溝を埋める、あるいは狭めることが必要であろう。そうでなければ平行線をたどるか、一方的な押しつけにならないだろうか。

たとえば2005年のハリケーンカトリーナからのニューオリンズ市の復興計画策定プロセスにおいては、「人口復旧」と「洪水リスク」の2つの軸を用いて、市民も交えて復興シナリオの検討を行っている。復興におけるリスクは災害だけではないし、災害に対する対応方法も1つではない。地域のこれからについて、見えていないリスクを明らかにし、共有するプロセスが必要ではないか。

◆内湾地区のその後から

その後、内湾地区については、2014年1月に県が高さ4・1メートルの直立防潮堤のコンクリートの上に、津波来襲時だけ動く1メートルの可動式ゲート（フラップゲート）の防潮堤案（合計高さ5・1メートル）を提示した。あわせて市も陸側を最低2・8メートルかさ上げする方針を提示した。これにより、魚町側から見た平時の防潮堤の高さは1・3メートルとなり、最低限海の展望は確保されるとして、まちづくり協議会はこの防潮堤案で基本合意し、次のステップに進むことになった。

もちろん内湾地区では防潮堤の建設で、海との一体感が現在より損なわれるが、早期再建を目指す地域にとっては最大の譲歩といったところであろう。ただこのフラップゲートの採用は、地域再建と技術のあり方について1つのことを示唆している。実はフラップゲートのアイディアは、前述のコンペの最優秀賞とは別の浮上式防潮堤案として提案されたものであった。最優秀案と同様の理由で海上での実現は不可能であったであろうが、防潮堤の高さの低減を地域と行政の間で協議するなかで、陸上の防潮堤の一部として採用されることになったのだ。そのほか気仙沼市では、災害危険区域指定において、単に建物を規制するのではなく、避難行動を考慮した措置が一部組み込まれている。これらは地域再建と安全について議論が重ねられるなかで、新たな技術や考え方が取り入れられた例といえよう。

地域や対象によってリスクの考え方は違う。自分たちのまちを、どういうまちにしたいのか、立場の違うものがコミュニケーションを重ね、あるべき姿を描く。そのなかで技術もそれを実現すべく努めることが求められているのではないか。

もっとも、フラップゲートについて前述の地域関係者に尋ねてみたが、前回同様の答えが返ってきた。「そんなものには頼らない、自分は走って逃げる」と。

参考文献

荒木裕子・北後明彦（2013）「災害復興検討過程における安全確保と地域再建の選択分析——東日本大震災における気仙沼市2地区を事例として」『日本災害復興学会論文集』第5号11-20頁。

4 県外避難の居住実態

緊急時の住まい確保の課題を問う

高澤 由美

福島第一原子力発電所の事故
2011年3月の東日本大震災による地震と津波被害の影響などにより、東京電力福島第一原子力発電所では炉心溶融などの深刻な事故が発生した。

福島第一原子力発電所の事故をうけて、今なお（2013年時点）約6万人の福島県民が県外へ避難している。その多くは自治体が民間の賃貸住宅を借り上げて被災者が入居する、いわゆる「みなし仮設住宅」に居住している。

これまでわが国において被災地以外の地域でみなし仮設が供給された事例はなく、これほど広域にそして大量にみなし仮設住宅が供給されたのは、今回が初めてのケースである。それゆえ、避難者はいうまでもなく、制度を運用する自治体・不動産業界もさまざまな問題に直面しながら、手探りの状態でかろうじて急場をしのいできた。借り上げ仮設住宅の供給プロセスや居住実態を把握することは、現状の課題への対処方法を検討するうえでも、また今後起こり得る災害に備えるうえでも非常に重要であると考えられる。しかし東日本大震災、原子力災害の被害があまりにも甚大・広域だったため、みなし仮設、とりわけ被災地以外の状況についてほとんど明らかにされてこなかった。筆者らは、もっとも多く県外避難者を受け入れている山形県において、住まいの状況を明らかにするためのアンケート調査を行うとともに、関係各所にヒアリング

自主避難者
福島第一原発の事故では、国の避難指示が出ていない地域においても、放射能の影響への心配などから自主的に避難をした人も多い。

調査を行った。その結果、避難の長期化にともなうさまざまな課題が明らかになった。

◆自主避難者の受け入れ状況

山形県でのみなし仮設住宅の供給は11年4月20日に始まった。当初は津波や地震で住まいを失った世帯や、原子力発電所の事故にともない避難指示等が出された区域の世帯のみであったが、6月19日に山形県は全国にさきがけて「自主避難者」の受け入れを表明した。当初山形県では1000件程度の供給と見込んでいたが、その予想を大幅に上回り、もっとも多い時期で3924件(2012年1月末)ものみなし仮設住宅が供給された。

◆切迫した状況下での住宅確保

3・11以降、放射能に関連するあらゆる情報が錯綜するなかで、福島で暮らす人々は、避難する、避難したい、避難しない、避難したいができない、複雑な思いとさまざまな選択肢のなかで揺れ動いていた。そのような状況のなか、山形県が自主避難者の受け入れを表明した。自主避難するかしないか迷っていた人たちにとって、この受け入れ表明は渡りに船となった。

山形県内の不動産仲介業者によると、6月19日以降は、みなし仮設入居に関する問い合わせ、手続き等で「パニック状態だった」という。これ以降3カ月のあいだに2000件以上のみなし仮設住宅が供給された。みなし仮設住宅の家賃（共益費・管理費等を含む）の上限は6万円とされたが、福島県にもっとも近い米沢市のみなし仮設住宅から次々に入居者が決まり、10月には米沢市、山形市などでは供給する住宅がなくなり、募集を停止している。ものすごいスピードでみなし仮設住宅が供給されていく状況は、住まいを確保しようとする人たちにある種の切迫感をもたらした。早く決めなければ住宅がなくなるのではないか、制度自体がなくなってしまうのではないか、とにかく住宅を確保しなくては、という一心で、多少の狭さや古さ、設備の悪さは妥協して入居を決意せざるを得ない状況におかれたのである。とにかく緊急事態、とりあえず避難という認識での住宅確保であった。

◆避難の長期化

しかし放射能に対する不安はすぐに消え去るものではない。半年、1年と避難が長期化するにつれて、当初はやり過ごしてきた住まいの問題が、日々の生活に影響しひずみを生みだすようになってきた。たとえばアンケート調査の結果、ワンルームや1Kに家族3人以上で住まう世帯、妊娠中にも関わらずエレベーターのない団地に住まう世帯、喘息の子どもを抱えながら住宅の結露やカビに悩まされる世帯などである。妊婦のいる世帯の住宅にシャワーがついておらず、産後乳児を育てるには不便だということで、設置を検討したが高額で負担できず、放射能の不安を抱えながら福島県内の住宅に戻らざるを得なくなった、という事例もあった。

阪神大震災の際は、高齢者の住宅問題が顕在化したが、福島第一原発の事故にともなう避難は、放射能の影響を危惧し子どもを抱えて避難してきた若い世代が多いという特徴がある。このため、子どもの成長や家族構成の変化にともなって、住宅の広さや設備に齟齬が生じる事例も多くみられる。

アンケート調査の概要

山形県米沢市に避難している全世帯(1152世帯)を対象に、郵送配布・回収によって調査を実施した。調査期間は2012年6月下旬から7月上旬で、回収率は35・6%(410件回収)である。

◆見えにくい住要求

アンケート調査で避難者に現在の住まいへの居住意向を問うたところ、制度があるうちは「住み続けたい」がもっとも多く47・6%である。しかしこれは住まいへの要求がないことを意味しているわけではないだろう。「ただで住まわせてもらっているから、それだけでありがたい」、「放射能を気にして暮らすよりずっとよい」、「仮住まいと割り切っている」という避難者も多く、住要求を表出させない傾向が強いことを念頭に入れておかなければならない。また、小学生の子どもを抱える世帯は、ようやく新たな学校生活に子どもが慣れてきたところなので、多少住まいの問題があっても住む環境を変えたくない、という声も多い。他方で「制度上住み替えが認められないので、今の家に住み続ける」、「良い家が見つかれば、家賃を負担してでも引っ越したい」を合わせると45％近くにのぼり、約半数近くは居住環境に不満を抱えながらも、住み替えができない／良い住まいが見つからないため、仕方なく住み続けているという状況がみてとれる。

◆コミュニティとの接点

みなし仮設は応急仮設住宅と異なり、多くの場合、避難者がバラバラに住まわざるを得ない。社会福祉協議会などが避難者世帯を巡回している地域もあるが、外部との接点は基本的に避難者の能動的な動きに委ねられる。山形県では避難者向けのボランティア活動や避難者自身が主催するサークルなども多数あるが、積極的にこうした活動に参加する避難者と、ほとんど参加しない避難者に二極化する傾向がある。活動に参加しなくても子どもを通じて、あるいは仕事を通じて独自に他者との接点があるケースもあるだろう。しかし乳児を抱え

応急仮設住宅
災害救助法に定められている、災害で住宅が全壊するなどした被災者を対象として公共が提供する仮設住宅。

社会福祉協議会
社会福祉事業法に基づいて都道府県や市町村単位で設置されている、民間の社会福祉活動を推進することを目的とした非営利・民間組織。

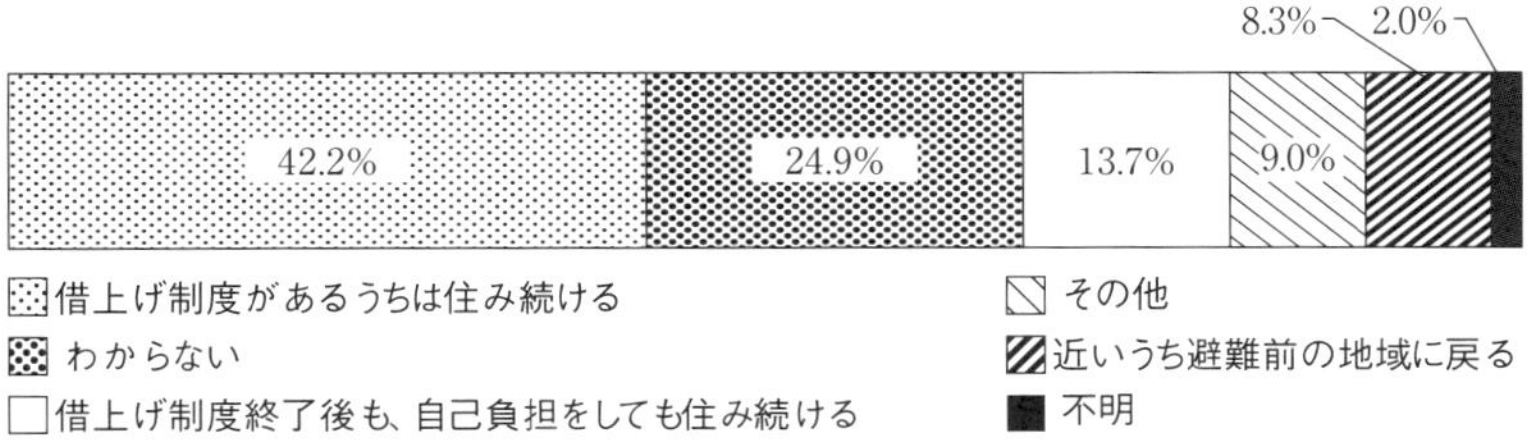

図1　避難生活の見通し（n=410）

ている、体が不自由など、思うように動けない場合は、活動拠点まで遠いなどの理由からこうした活動への参加が難しい。さらに見知らぬ土地で地域コミュニティとの日常的な接点がないことも多く、弱い立場に置かれた避難者は社会的な孤立状態に置かれてしまう可能性をはらんでいる。

◆現状の改善と将来への備え

今回の県外避難の事例からは、緊急時に切迫した状況での住まいの確保は必ずしも適切に行われないことが示唆されている。住まいを確保した直後は、「放射能の不安から逃れられた」、「避難所よりも良い環境が得られた」という安堵から、住まいそのものの問題に目がいかないことも多い。しかし避難が長期化した場合、やり過ごしてきた住まいの問題が顕在化したり、家族構成等の変化によって齟齬が生じるケースが出てきたりする。

現在、応急仮設住宅では、さまざまな修繕や改築などが行われているが、みなし仮設住宅では原則として住み替えは認められておらず、修繕費等の支援も行われていない。管轄の厚生労働省によれば災害救助法では、避難者が仮設住宅を確保した時点で救助が完了した、とみなすため住み替えができないとしている。また「現物支給」の原則があるため修繕等もできないという。

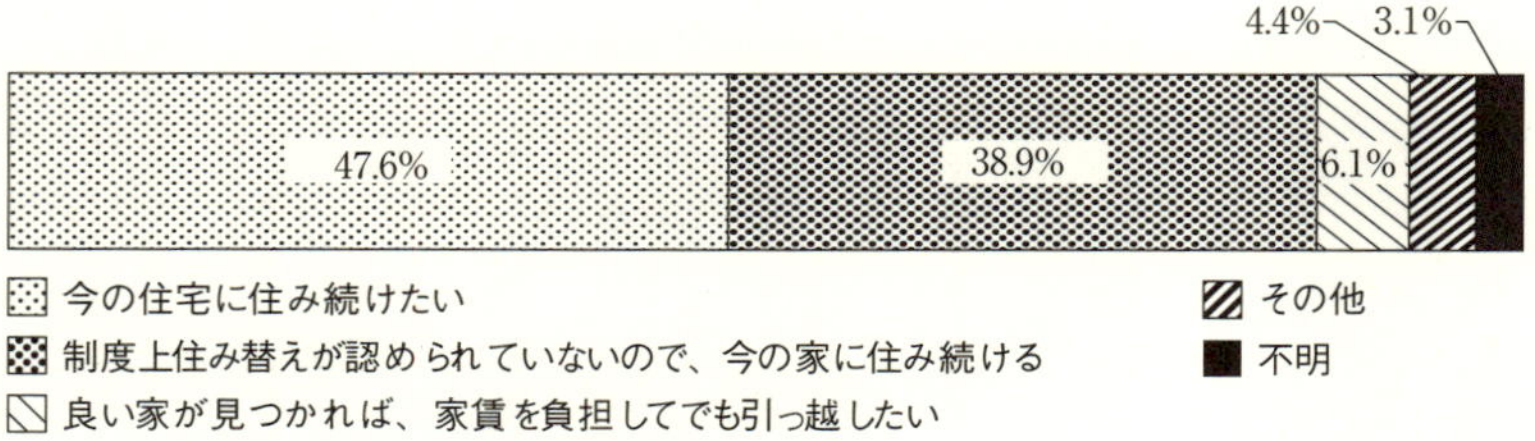

図２　現在の住まいへの居住意向（n=229）

※避難の見通しで「借り上げ制度があれば住む」、「制度終了後自己負担しても住む」と回答した人のみ。

しかし「仮住まい」、「住まわせてもらえるだけありがたい」という感情の影に住まいの問題を隠したままでよいのだろうか。住まいの問題を一時的なものだからという理由でやり過ごした結果、病気を悪化させたり、過度のストレスを生じさせたり、社会的な孤立を招いたりしては、何のための避難であろうか。

先日、会計監査院では、みなし仮設にたいし、費用の面、迅速な住宅供給の面から評価した一方で、「現物支給」による供給効率の悪さを指摘しこの見直しをするよう求めている。長期化する避難生活において災害救助法の枠組みだけでは、生活を支援することに限界が見えているように思う。「現物支給」の見直しにとどまらず、将来への展望をつなぎ続けられるような支援の方策が求められている。

そして緊急時・災害時にどこまで生活の質が担保されるのか、という問題がわが国では早急に議論しなければならない重要な課題であることを改めてつきつけられている。

5 長期避難生活における共生への萌芽

石塚 裕子

東日本大震災・福島第一原発事故は、発災から2年8カ月（2013年11月時点）を経過した。しかし、今なお福島県だけで約15万人[1]の人々が長期、広域避難を強いられている。

地域再生の見通しが立たないなかで避難生活がさらに長期化することが予想される。しかし、多数の避難者を受け入れている福島県いわき市では避難者と受け入れ地域とのコンフリクトが報道されるなど[2]、さまざまなかたちで心身の健康の悪化が顕在化しつつある。

本稿では福島県いわき市を事例に避難者と受け入れ地域の人々との接点に着目し、避難受け入れ地域での新たな共生の萌芽といえる事象を紹介する。そして、これまで誰も経験したことがない長期避難での暮らしが、少しでも安心して快適に和やかな時間となるために必要な視点について述べてみたい。

◆避難地域でコンフリクトは生じているのか

東日本大震災・福島第一原発事故にともなう避難では、強制避難、自主避

放射能汚染
放射能によって自然環境や建築物が汚染されること。

難、生活内避難など多様な形態があり、世代間、職業、社会的要因によりさまざまな分断が生じているといわれている。[3]また、今回のような大規模な災害下では、その衝撃で適応を超えるストレスを受けていること、補償や支援の過程で不平等感を感じること、復興などの大きな変革のなかで潜在的にあった価値観の相違が顕在化すること、潜在化している社会格差や不平等が顕在化すること、そして放射能汚染という人の生活や心の安定の基礎となる自然を脅かされている不安感があることが、人間関係の葛藤や対立を引き起こすきっかけになるという。[4]

本稿が対象としている福島県いわき市は、福島県の東南端に位置し、約33万人と郡山市とともに県内最大の人口を有している。いわき市は、今回の震災で沿岸部を中心に死者449名、建物損壊約9万棟の大きな被害があり、応急仮設住宅に189世帯456名、みなし仮設住宅（民間借り上げ住宅）に2417世帯6635名、[5]が今もなお避難生活をおくっている。

また、福島第一原発周辺市町村（双葉町、大熊町、富岡町、楢葉町、広野町）からの避難者も受け入れており、2013年9月現在、福島県内の避難者数約9万1000人の4分の1にあたる約2万2600人[6]がいわき市内で避難生活をおくっている。さらに除染作業員、原発事故収束作業員などの多くの人がいわき市に流入している。

そのようななか、2013年5月24日付の毎日新聞において、避難者を中傷する落書きや苦情に関する記事が大きく報じられた。避難者による急激な人口増加にともない「車の渋滞が発生している」、「病院が混むようになった」といったものから「双葉郡からの避難者は賠償金をもらってぜいたくをしている」といったものまで、さまざまな不満や誤解が生じている。実際に、筆者は乗車したタクシーの運転手から同様の話を聞かされた経験をもつ。やはりさまざまなストレスが人々の心の葛藤や対立を引き起こしているようである。

しかしその一方で、避難者と受け入れ地域の住民が出会い、そして新たな交流が生まれ、互いに支えあう事象も多数存在している。筆者は2011年5月より不定期ではあるが、継続的にいわき市を訪問している。ささやかな支援がきっかけとなり、さまざまな方にお話を聞くご縁をいただいた。この経験から見聞きした共生への萌芽ともいえるいくつかの事象を紹介する。

◆子どもからはじまる交流 ―― パオ広場のようす

前述の新聞記事の対象となったいわき市中央台は、都市再生機構（旧都市基盤整備公団・地域振興整備公団）が開発し、1982年から分譲を開始したニュー

都市再生機構
2004年に都市基盤整備公団と地域振興整備公団を統合して設立された独立行政法人。都市再生事業やニュータウン開発のほかに、震災復興支援のための宅地造成や住宅団地開発も行っている。

写真1, 2　パオ広場の様子

タウンである。人口1万3567人、4426世帯（2008年2月現在）が居住していたが、売れ残っていた区画に2011年5月から応急仮設住宅約1000戸が建設され、同年8月頃から入居がはじまった。入居者は津波被害を受けたいわき市民も含まれるが、その大部分はいわき市北部に隣接する広野町、楢葉町からの避難者であり、2013年9月現在、811戸、1828人（いわき市民含まず）[7]が生活している。

そのような町の応急仮設住宅の区画に隣接して「パオ広場」という避難者の憩いの空間が設置された。このパオ広場は、NPO法人いわき自立生活支援センターが2011年9月に開設したものである。開設当初は、外部支援の協力を得ながら月に数回、炊き出しなどの支援イベントを開催していたが、最近ではイベントはあまり実施せずに、午前は高齢者等の憩いの場として、午後は小学生の学童保育的な空間として利用されている。パオ広場は利用者参加型で整備（写真1、2）を行ってきたことから、広野町民と楢葉町民の交流が生まれた。園芸や日曜大工好きの避難者が自由に来訪し、広野町民と楢葉町民の交流が生まれた。しかし、開設当初は中央台の地元住民の利用はまったくなかった。

広野町は、昨年（2012）の3月に緊急時避難準備区域が解除され、役場機能の再開、住民の一部帰還がはじまり、昨年の9月から学校が再開された。

そこで通学児をもつ親は、「帰還する」、「避難先から通学する」、「避難先の学校に転校する」の3つのなかから選択することになったが、放射能汚染への認識の違いにより、さまざまな選択が行われることになった。これを機にいわき市に転校した子どもは新しい学校で友達をつくり始めているが、もとの広野町の友達とも放課後は一緒に遊びたいために、転校先の友達を連れてパオ広場に来るようになっている。そこでは広野町の子どもと転校した子ども、そして中央台の子どもの間に新たな交流が生まれているという。これはささやかな接点の事象であるが、短期的には交流がなかったとしても、恒常的な空間が確保されていることで、交流の機会を創出することができた事象である。避難が長期化するなかで、共有できる場の大切さを気づかせてくれる。

◆富岡町絆サロンでの地元住民との交流

富岡町は全町避難を強いられているなか、みなし仮設（民間借り上げ住宅）に入居する町民の絆づくりや孤独死防止を目的にいわき市、郡山市、福島市の合計5カ所の常設型の絆サロン（以下、サロンと示す）を設置している。いわき市には中心市街地の平地区、市南部の泉玉露地区、市北部の四倉地区の3カ所に設置している。サロンを担当している富岡町役場生活支援課ならびに泉玉露、

写真3　泉玉露交流サロン

四倉のサロンの職員リーダーにヒアリングを行った。

各サロンは年末年始と月1回の休館日以外は毎日10時から17時まで開館しており、週に2、3回の頻度で健康教室や手芸・園芸・料理教室などが行われている。サロンの土地や建物は、町職員が探し求め、賃貸契約を結んでいる。利用者数は月平均350～450人、日平均15～20人程度であり、平地区は大型商業施設の近くに立地し、そのほかは住宅地内にあるが、周辺の土地利用によって利用者数の差は生じていない。利用者層は50～60代の女性が中心で、男性利用が少ない点も共通している。四倉は建物が2階建てで他地区と比較して広いことから、月1回の親子交流会が開催されている。いわき市全域から子育てや避難生活に不安や悩みを抱えた母親たちが子連れで参加し、保健師や助産師による相談会を行っている。

泉玉露では、富岡町民以外に大熊町、双葉町、楢葉町からの避難者の利用が約1割程度ある。また、近隣の住民や民生委員などが気にかけてサロンを訪問し、庭に咲く季節の草花の差し入れやサロンを彩る絵画の貸与を行うなど、自治会などとの組織的なつながりはまだ構築されていないが、個人的なつながりが広がりつつある。さらに、園芸や手芸教室には地元住民の利用もあり、ゆるやかな交流が芽吹いている。

写真４　四倉交流サロン

四倉は地元住民との交流が盛んなサロンである（写真４）。妻が富岡町の出身という男性がサロンを訪問したことをきっかけに、地元住民が実施していた健康教室の会場として、サロンを貸し出すようになり、お互いの教室への参加、地元住民の組織が行う親睦旅行への参加など和やかな交流が深まっている。

２つのサロンとも常設でゆるやかに開かれた空間があることが、新たな交流を生んでいるといえる。長期避難の生活支援を考えるうえで重要な視点を与えてくれている取り組みであり、今後の動向にも注目していきたい。ただし、利用者の固定化や身体的理由やアクセス条件などの理由により、利用したくても利用できない人への支援など、いくつかの課題があることも付け加えておく。

◆応急仮設住宅自治会と地元老人会等との交流

下高久応急仮設住宅（以下、下高久と示す）は、大玉村安達太良応急仮設住宅地で空き家となっていた住宅を富岡町が福島県に要請して、いわき市下高久地区に２０１２年７月に移設したもので、昨年（２０１２）の10月より入居がはじまった。入居者は福島県外に避難していた町民が優先的に入居し、既存コミュニティは考慮されていない。

下高久では入居者の有志により２０１３年３月に自治会が設立され、その後すぐに地元老人会が主催の芋煮会が開催され、近隣の老人施設との交流会、夏祭りなど相互の交流が盛んである。そのきっかけや経緯についてヒアリングを行った。最初のきっかけは、「ここの仮設住宅が建つときに何度となく現地事務所に来て、『何かあったら我々は協力しますよ』と、事務局に声をかけていた地元の名士がいることを聞いていた。自治会ができ、役が決まったところで行政区長とか班長とか地主さんとかに『お世話になるよ』と挨拶してまわった。それが地域とのつながりの最初です」という。

また、地元の人の世話になって開催された芋煮会、老人施設との交流会を経て、地元の人へのお返しをかねて自分たちの力で夏祭りを開催している。外部支援団体の協力を得ながら、自分たちができる範囲で実施するという理念のもと、約１６０名もの人が参加する大盛況の祭りとなった。そのうち約40～50名程度が地元住民の参加である。夏祭り開催について、「何にもない所でするから、格好をつけようと思ってちょうちんをぶら下げて、竹を立てたりなんかして、手づくりでつくった。地元の人に頼めば、櫓とか太鼓とか用意してくれると思うけど、それでは意味がないから、自分たちでできる範囲でやろうと決めて実施した」と話した。

本事象は、緊急避難の混乱期からある程度の時間を経て入居した仮設住宅であり、偶然にもリーダー的存在があったから成立していることかもしれないが、外部支援が直接的に入っていないこと、避難者が自立心をもって行動していることに特徴がある。

また、立地地域について次のようにも述べている。「この地区は、もともと漁業と農業のまちだから、ほかのものが入っていない。だから溶け込みやすい。都会のようにさまざまな人がいて、ぎすぎすしていたら難しいが、ここは地域コミュニティがしっかりしているから、われわれにも手を貸してくれるし、われわれが入ってきてもすぐに受けとめてくれる」。

このことは受け入れ地域の地域課題の解決能力や、地域の共同管理能力といったコミュニティの力量が、避難者との共生に影響を与える可能性を示唆する意見である。

◆長期避難生活を安心して暮らすために

帰還困難区域の住民をはじめ多くの人々が、今後も避難生活を長期にわたって強いられるだろう。しかし、避難生活で過ごす時間には一人ひとりの人生にとって二度と戻らない大切な暮らしがある。安心して希望をもって避難生活を過ごすためには、避難者と受け入れ地域との共生が欠かせない。また、受け入

帰還困難区域
福島第一原発の事故を受けて２０１１年に設定された、年間被爆量が50ミリシーベルトを超えており、５年以上帰れない区域。

復興公営住宅
災害公営住宅ともいう。災害によって住宅をなくし、自力での再建が難しい被災者の為の公的賃貸住宅。

れ地域の人々も少なからずストレスを抱えており、それらを包摂する社会の理解、支援が必要であろう。

今後、避難者受け入れ地域においても復興公営住宅の建設が予定されている。整備にあたっては、「コミュニティ集会室等を拠点に、地域にお住まいの近隣住民の方々とも交流が図られるよう、コミュニティ復活交付金等を活用したさまざまな事業を実施[8]」としているが、前述の共生の萌芽ともいえる事象を踏まえ、以下の点に留意が必要であると考える。

・共生の萌芽となる避難者と受け入れ地域の交流はすぐに必ず起きるわけではない。自然にいつ起きてもその機会を逃さないような恒常的な場が必要である。そして長期的に持続可能な支援を考えていく必要がある。**〔恒常性・持続性の担保〕**

・初期段階から避難者だけでなく周辺の受け入れ地域の住民を巻き込んだプロセスが必要である。避難者の生活や支援が受け入れ地域の人々に見えることが必要である。**〔見える化〕**

・受け入れ地域のコミュニティ力に応じ、適切な情報提供とコミュニケーションが必要である。コミュニティ力が低い地域では、受け入れ地域に対する支援を行っていく必要がある。**〔受け入れ地域への支援〕**

東日本大震災・福島第一原発事故による長期避難の課題は多岐にわたり、現在進行形であり、私のなかで体系化できているわけではない。しかし、マスメディアを通じてマイナスの側面ばかりが強調されていることに、現場を垣間見ている筆者は違和感をもっている。そこで、断片的であっても現地の温かいようすを知っていただきたいと思い、思い切って投稿させていただいた。未熟な内容である本稿を読んでくださった方々に感謝申し上げる。

注

（１）福島県『平成23年東北地方太平洋沖地震による被害状況即報』（第１０８２報）。
（２）毎日新聞２０１３年5月24日13版。
（３）山下祐介（２０１３）『東北発の震災論――周辺から広域システムを考える』ちくま新書、１６９-１８０頁。
（４）石原明子他（２０１２）「震災対応と再生にかかる紛争解決学からの提言」高橋隆雄編『将来世代学の構想――幸福概念の再検討を軸として』九州大学出版会、１４５-１８０頁。
（５）いわき市『いわき市災害対策本部週報』（２０１３年11月25日付）。
（６）福島県他『長期避難者等の生活拠点の形成に向けた取組方針』２０１３年9月20日。
（７）いわき市『いわき市災害対策本部週報』（２０１３年11月25日付）。
（８）福島県『第一次福島県復興公営住宅整備計画（改訂版）』２０１３年7月。

6 定住の価値を問う

田中 正人

人類学者の西田正規によれば、人類は農耕技術を発明したから定住生活を手に入れたのではなく、定住を選択した結果として農耕技術を開発した。つまり、農耕の発明が定住をもたらしたという定説は、因果関係を取り違えているのだという。「人間は定住できる条件さえととのえば定住するものだという前提があり（……）これでは、なぜ人間は定住したのかという疑問がそもそもなく、いかにして定住の条件が満たされたのかに答えるだけでよかった」。

なぜ人類は定住したのか。この問いに対して西田自身は、地球規模で生じていた気候の大変動、すなわち温暖化による氷河期の終焉、それにともなう温帯森林の中緯度地帯への拡大が定住化の契機であったと述べている。遊動生活は積極的に放棄されたのではなく、破綻したのであり、人類はいわば、やむを得ず定住を選択した。「定住生活は動物界のなかではむしろ特殊なあり方」であり、「人間のように体重が五〇キロもある大型の動物で定住している動物は、この世にただの一種も」存在しない。

生態学的な視点からみたとき、遊動生活が定住よりも優位なのは確かだ。な

西田正規
元筑波大学大学院・人文社会科学研究科教授。主な著書は『人類史のなかの定住革命』（講談社学術文庫２００７）、『縄文の生態史観』（東京大学出版会１９８９）ほか。

ぜなら「移動することは、歩くことのできない病弱者にとっては困難なことであり、生存のチャンスを減少させる」が、「病弱個体が存在することは環境汚染の明らかな徴候」であり、「その個体を捨て去ることで、健康で活動的な集団を維持することにもなる」からだ。「病弱者を見捨てることが、たとえどれほど酷であったとしても、人類もまた生態学的な原理の範囲のなかでしか存在しえない」。しかも「必要物資の欠乏や、災害、危険、不和、不安、汚染など、さまざまな不都合」は「遊動民の生存戦略には原則的に無縁のもの」であり、それらはいずれも定住社会に固有のリスクである。

つまり定住とは、生態学的な原理に背反し、物資の欠乏や災害、危険、不和、不安、汚染など、さまざまな不都合を引き受け、克服しなければならない社会のあり方なのである。それにもかかわらず、人類は定住を選択した。西田の仮説は「農耕革命」論を棄却し、「定住革命」論を打ち立てたことに加え、なぜ定住したのかという問いを前景化した点において重要な画期といえるだろう。以下にみるように、この問いには、人類学・考古学的関心にとどまらない、きわめて今日的・社会的な意義がある。

人類が定住を始めたのはおよそ1万年前といわれる。この間、私たちは不都合を引き受け、科学技術によってそのかなりの部分を克服してきた。もっともそれは、新たな不都合を生み出す歴史でもあった。ただいずれにせよ、科学技術もまた定住社会を構築するために生まれ、発展してきたといってよい。

　その科学技術をもってしても、今なお克服できないものがある。自然災害はその1つだろう。巨大地震や津波、豪雨、竜巻、火山噴火などの発生を正確に予測し、挙動を制御することは困難である。これらの災害の多くは再現性を有し、被災地は次なる被災のリスク下にあることを受け止めざるを得ない。定住社会はゆらぎ、しばしば大規模な居住地移動が行われてきた。たとえば90年代以降においては、雲仙普賢岳、奥尻島、三宅島、新潟県中越、中国四川やインドネシアがそうであったし、東日本や紀伊半島、伊豆大島の被災地は今まさにその渦中にある。

　一方、２０１２年8月、内閣府は南海トラフの巨大地震による新たな被害想定を公表し、太平洋沿岸地域の被災リスクの深刻さを明示した。和歌山県や高知県では公共施設の高台移転が推進され、それは徐々に住まいの移動を誘導している。南海トラフ特措法の成立（２０１３年11月22日）は、さらにその動向を加速するだろう。

　災害の再現性と制御不可能性は、定住社会に対して「災害危険区域」というアイディアを持ち込んだ。建築基準法第39条に規定されている「災害危険区

中国四川
２００８年5月12日、中華人民共和国四川省アバ・チベット族チャン族自治州汶川県において、マグニチュード8の地震が発生した。四川大地震または汶川地震と呼ばれる。

南海トラフ
四国から紀伊半島沖の海底にある活発な地震発生帯。東日本大震災（２０１１年3月）の発生を受け、内閣府中央防災会議は「南海トラフの巨大地震モデル検討会」を設置し、最大クラスの新たな被害想定を公表した。

域」は、伊勢湾台風（1959）での適用（名古屋市独自の条例による）を嚆矢とし、従来は建築物の構造や地盤の高さなどについて段階的な制限を設けるものであった。有珠山噴火災害（2000）以降は防災集団移転と連動し、そして東日本大震災では、移転先の明示がないままに居住を全面的に制限するという異例のケースが誕生した。

このことは、次の2つの問いを投げかけている。第1に、居住の制限は、世代を超えて受け継がれてきた時間を断ち切り、その土地に刻まれた生活文化、コミュニティを無効にする。この妥当性・正当性はいかにして担保されるのか。第2に、少なくともわが国において「災害危険区域」とそうでない区域の実質的な線引きは可能なのか。国交省の分析によれば、海岸線から10キロメートル以内でかつ標高30メートル以下の地域（東日本大震災における津波の浸水区域に相当）は約3000平方キロメートル（国土の10％）を占め、4438万人（総人口の35％）が居住している。風水害や噴火災害、内陸型地震など、津波以外の災害を含めるなら、この地域は国土の大半を埋めつくすだろう。わが国に災害危険区域でない区域は存在しない。同時に、完全に居住に適さないと言い切れる区域の存在もまた自明ではない。

現実の「災害危険区域」指定は、このように実質的な線引きが困難な状況下

ノーマライゼーション
障害者と健常者が互いに区別されることなく共存することが人間社会の正しいあり方とする概念。1960年代、デンマークのニルス・エリク・バンク＝ミケルセンにより提唱された。

で行われている。指定を受けた区域の生活文化やコミュニティを無効にすることの妥当性・正当性が疑わしいのはほぼ明らかである。線引きの精度を高める努力は必要だろう。しかし、固執すべきはその点ではないように思う。さまざまな不都合を引き受け、制御不能な自然災害のリスクに向き合う定住社会の価値とは何か。この点こそが明らかにされなければならない。そのためには、人類はなぜ定住したのかという冒頭の問いに戻る必要がある。1万年という時を超えて、この問いは現在につながっている。

リスクに直面したとき、弱い個体を切り捨ててでも移動することが生態学的合理性に適っている。だがそれでも人類は定住を選んだ。西田がいうように、その外的要因は温暖化による温帯森林の拡大であるかもしれない。他方、ここには別の内的要因があるように思える。それは生態学的合理性を超えて、人類は、誰ひとりとして切り捨てることのない社会を築き、その社会を維持していくためには定住という選択こそが合理的であるという、ある種の社会的合意ではなかったか。ここに定住の根源的価値がある。私たちは、弱い個体とともに生きる定住のあり方を、今なお模索し続けている。1万年を経て、ようやくこのコンセプトに気づいた私たちは、それをノーマライゼーションと、あるいは社会的包摂と名づけた。

チェルノブイリ
1986年4月26日、ソビエト連邦（現ウクライナ）のチェルノブイリ原子力発電所4号炉において炉心溶融（メルトダウン）が起こり、高濃度の放射性物質が放出された。

しかしながら、現在、わが国には放射能汚染地域が存在し、現実的に定住不可能な状況がある。定住社会を構築するために培ってきた科学技術、その尖兵であった原子力が自ら定住社会を破壊したのだ。1986年4月26日のチェルノブイリがそうであったように、2011年3月11日以後、原発は定住社会の価値を疵つけ、蝕み、そして福島という土地を致命的、不可逆的に損なってきた。そして、今この瞬間も損ない続けているのだということを、私たちは繰り返し省みる必要があるだろう。

そのような事態のなか、日本政府は原発の海外輸出に踏み切る準備を固めた。ある新聞の社説は、輸出相手国で事故が発生した際の日本の責任を案じていた。だが問題の本質はもっと別のところにあるように思える。原発の輸出とはすなわち、被曝リスクの輸出にほかならない。被曝リスクのグローバルな拡散は、人類が築きあげてきた定住社会に対する宣戦布告である。その先には、ノーマライゼーションや社会的包摂の否定という悪夢のような不正義が潜んでいる。

福島の長期避難者と受け入れ地域の住民とのあいだには、交流の深まりを通した共生への萌芽があるという。それは、想像を絶する厳しい避難生活のあわいに立ち上がる、ほんの微かな残像のようなものなのかもしれない。でもその萌芽は、不正義に抗い、再び豊かな定住社会を取り戻すために、けっして見落としてはならないものだろう。この国は、原発技術ではなく、そのような共生への萌芽をこそ、世界に拡散していくべきなのだと私は思う。

参考文献

西田正規（２００７）『人類史のなかの定住革命』講談社学術文庫。

西田正規（２０１３）「定住社会と遊動社会――逃げられる社会と逃げられない社会」『ａｔプラス18――思想と活動』太田出版。

石塚裕子（２０１４）「長期避難生活における共生への萌芽」『Ａｎｔｅｎｎａ』ｖｏｌ．８。

第2章

オフサイトの視点に学ぶ

1　地域知としての災害伝承の意義

石原　凌河

写真５　津波常襲地域で見られる災害の石碑

◆災害伝承の重要性

わが国は「災害多発国」と称されるほど災害リスクの脅威にさらされている。こうした災害リスクに対応するために、災害常襲地域の多くでは、自然災害をやり過ごすための教訓や知恵が後世へ受け継がれてきた。(1) たとえば、1854年の安政南海地震の津波を題材とした「稲むらの火」は、和歌山県広村（現在、広川町）を舞台とする物語で、津波からの避難の教訓が今もなお伝えられている。(2) 津波常襲地域では、過去の津波潮位高の記録が刻まれた石碑（写真5）も見受けられる。日本で大きな被害をもたらす三陸地震や南海地震等のプレート境界型地震の周期は100年から150年である。この地震に遭うのは、一生のうち1回あるかないかであり、仮に自分自身が遭わなくても、息子・娘世代、あるいは孫世代では必ず遭遇する。防災に関する技術やインフラが発達していない時代においては、災害の知恵や教訓を後世へ伝えることが必要不可欠であった。地域性や風土との関係を重視し、口承、物語、石碑等の多様な媒体を活用しながら、地域固有の過去の災害の教訓や知恵をコミュニティの力によって伝承することで、災害のリスクを低減してきたといえよう。

近代になって、治水や耐震等の工学的な技術の進展によって、ある程度の災害ならば未然に防ぐことが可能となったことや、緊急地震速報等の情報網の整備によって、災害情報をいち速く伝達することが可能となり、安住環境が形成され、便利な生活が享受できるようになった。しかし、社会環境の変化やハードや制度面の充実は、逆にコミュニティにおける災害対応力を低下させ、これまで地域で受け継がれてきた災害の知恵や教訓を伝承することが希薄化している。

ハード面の充実が、住民の災害への対策は十分なされているという認識につながり、防災意識の低下を招く要因となることも指摘されている(3)。実際、東日本大震災で多大な被害を受けた岩手県宮古市田老地区では、三陸地震・チリ地震の常襲地域であったため、津波を防ぐために高さ10メートルの防潮堤が市街地を取り囲む形で築造されていた。しかし、その防潮堤を越えて津波が市街地に押し寄せたために、防潮堤への依存による安心感から多くの住民が逃げ遅れてしまい、多大な被害をもたらしたことが報告されている(4)。

このようなことから、地域防災力を高めるためには、ハード整備だけではなく、これまで地域で受け継がれてきた災害の教訓や知恵を再評価することが必要である。そして、それらを防災教育やまちづくりを通して伝承する実践事例がますます求められるだろう。

◆地域で受け継がれている災害伝承の特性

筆者らは津波常襲地域である徳島県阿南市福井町の地域住民から、昭和南海地震・昭和チリ地震の伝承に関する質問紙調査を実施し、災害伝承の特性について明らかにした。紙面の都合上、具体的な結果やプロセスについては石原・松村（２０１３）[5]で確認されたいが、ここでは主要な分析結果について論じる。

まず、災害伝承のなかには「高台にあるので津波は心配ない」や「津波の前には必ず潮が引く」などのように、内容に関して科学的に誤りがあるものや、鵜呑みにすると逆に被害が助長されるようなものが見受けられた。地域の人々が当時の被災経験をそのまま伝えてしまい、現在の人々もその内容が記憶に残ってしまっているため、今も伝えられているからだろう。そのため、専門家が協力しながら、災害伝承の内容を精査するとともに、災害に関する普遍的な知識と照らし合わせて地域の災害教訓として昇華させる必要があると考える。

また、「津波が繰り返し何度も押し寄せた」等の災害そのものの描写や、「揺れたらすぐに高台に逃げる」等のように、普遍的な知識から得られる教訓につ

災害伝承
本論における災害伝承は、昭和南海地震・昭和チリ地震の伝承経験や教訓を口頭で伝えたことがあるものを対象としている。

昭和南海地震・昭和チリ地震の伝承
被災当時の地域の描写の例として「海の底が、小勝島まで見えるぐらい、水が引き、その後津波がきた」等が、家族や暮らしのようすの例として「当時は20歳くらいだった父が動けなくなった人を負ぶって波につかりながら逃げて2人とも助かり、後でお礼に来てくれた」等が、資材の調達・運搬に関する例として「避難途中、自宅の家財を取りに帰って、流されたものが多くいたらしい」等がある。

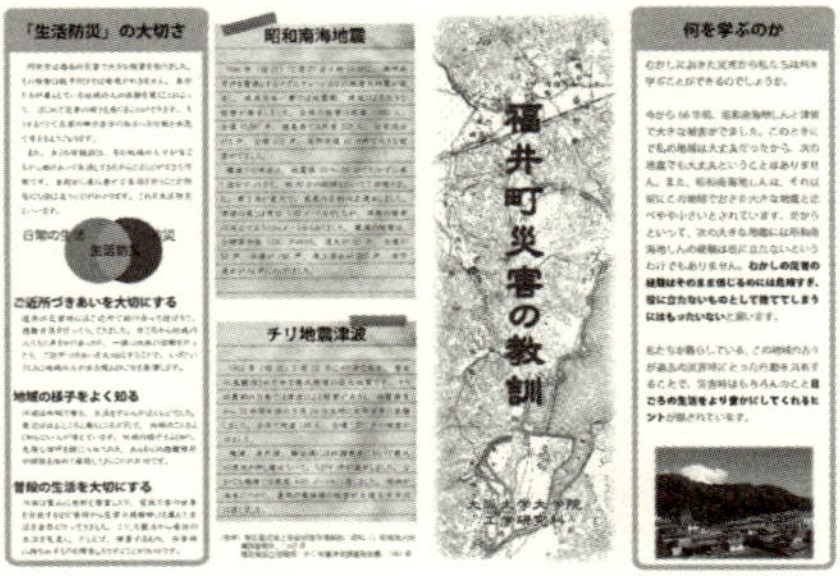

写真６ 「福井町災害の教訓」
筆者らは地域住民とのワークショップや意見交換を重ねながら右のような災害教訓誌を編纂した。

いては回答が少なかったものの、被災当時の地域の描写や、家族や暮らしのようす、資材の調達・運搬と関連した内容について多く聞き取ることができた。画一的な教訓よりも、地域固有の情報と密接に関係した内容は、記憶に残りやすく、伝えやすいからだと考えられる。このことから、災害伝承は防災・減災を目的とするものだけではなく、災害伝承を通して、被災当時の生活様式や地域の姿を知る重要な情報源にもなり得るのではないだろうか。

◆災害伝承のススメ

以上のような災害伝承の特性を踏まえて、災害常襲地域において地域単位で災害伝承を実践することを提案する。災害時においては、安全に住むことができる場所や防潮堤の高さ等の災害からの安全と、日常生活や地域の持続性との折り合いをつけていく場面が必要となる。その際、安全性の議論だけでなく、地域で守るべきものを共有し、それを計画に反映させることが欠かせない。平時から災害伝承を実践することにより、被災経験だけでなく、安全の作法、風景、歴史といった地域で大切にされてきたものが掘り起こされ、それが地域で守るべきものを考えるうえで有効な指針にもなり得る。加えて、災害当時の生活と現在とを対比させることで、望ましい空間や社会システムのあり方を導き出すことができるだろう。災害伝承から生み出された「地域知」を地域の共有財産として活用することで、地域の持続性やつながりが担保され、まちの基盤となり得る。

もちろん、「災害からの被害を防ぐために、過去の災害の経験を伝える」という災害伝承の本来的な目的に照らして実践することは、防災まちづくりを進めるうえでも重要である。客観的で画一的な情報よりも、災害伝承を通じて知ることができる地域固有の情報は、記憶に残りやすく伝承されやすいということが災害伝承の特性から示唆された。身近な人々が災害の経験談を伝えあうことは、ほかの情報源よりも共感を得ることができるため、地域住民一人ひとりの意識に働きかけ、避難や対策の実行に拍車をかけるエンジンとなる。災害伝承を通して、一人ひとりが能動的な行動をおこすことが、総体的に災害に強いまちづくりにつながるものと期待できる。

これまでの防災対策の多くは、地域性を超えて、効率性や合理性が尊重されて進められてきたきらいがある。安全な地域社会の形成に大きく寄与したものの、東日本大震災ではその限界が明らかになったといえよう。今後は、災害伝承のような地域知が防災まちづくりを進めるうえで重要な役割を担うものと考える。

注

（1）栗田暢之他（2007）『いのちをまもる智恵──減災に挑む30の風景（ストーリー）』特定非営利活動法人レスキューストックヤード。
（2）矢守克也・諏訪清二・舩木伸江（2007）『夢みる防災教育』晃洋書房。
（3）豊田祐輔・鐘ヶ江秀彦（2012）「住民参加型防災マップづくりのコミュニティ防災への効果に関する研究」『立命館大学国際地域研究』第35号25-43頁。
（4）産経新聞「『釜石の奇跡』と『田老の備え』」2011年4月13日大阪朝刊。
（5）石原凌河・松村暢彦（2013）「過去の自然災害の伝承経験者と伝承内容の特性に関する研究」『第48回土木計画学研究発表会・講演集』。

2　黒江のまちづくりとサポーター制度

まちづくりにおける協働の広がりを考える

竹田　茉耶

今日、全国各地でまちづくりをめぐる活発な動きがみられるが、そこでの参画をめぐっては、一部において地域住民や行政、専門家、ＮＰＯといったくくりでは捉えきれない「地域外部の市民」という新たな主体の存在が注目されている。

地域外部の人々の積極的なまちづくりへの参画がみられる和歌山県海南市黒江の「黒江の町並みを活かした景観づくりサポーター」制度を事例に、そうした地域外部の人々がどのような思いでまちづくりに参画しており、今後どのように関わろうとしているのか、サポーターへのアンケート調査とヒアリング調査からその実態を明らかにするとともに、サポーター制度の意義を考察した。

写真７　黒江の町並み（筆者撮影2012年９月）

◆地域外部の人々を取り込んだまちづくり

黒江は和歌山県海南市に属する地域である。その地名は、万葉集にも歌われている当時の入り江に、黒い牛に似た大きな岩があったことに由来する。江戸時代には紀州藩の保護を受け、三大漆器の１つである紀州漆器の産地として発

写真８　のこぎり歯の家並みが残る通り（筆者撮影2014年４月）
家々の軒先には三角形の空き地が見られる。この三角形の空き地は家屋の多くが道路に対して斜めに建てられているためにできたもので、これを家並みとして捉えると鋸歯のように見え、独特の町並みを形成している。かつて三角形の空き地は、漆器の木地材料や荷車置き場として活用されていた。

展した。また、黒江は漆器のまちということもさることながら、のこぎり歯状の町並みがみられることも特色の１つである。

こうした歴史をもつ黒江であるが、このところまちづくりは新たな局面をむかえつつある。きっかけは、「黒江の町並みを活かした景観づくり協定」の締結（２０１１年12月）にある。歴史と伝統ある紀州漆器のまち黒江の町並みを保全していくことを目的に、南ノ浜地区の住民が中心となり住民相互で取り結ばれたものである。協定の締結にともない、黒江の町並みを活かした景観づくり協定運営協議会（以下、運営協議会）も発足した。そして、この協定締結時に、地域住民だけでなく、黒江が好きだといってくれる地域の外の人々にもまちづくりに関わってもらいたいという運営協議会会長（当時）の思いのもと、つくられたのが「黒江の町並みを活かした景観づくりサポーター」制度である。２０１１年10月現在で63名のサポーター登録があり、うち59名が黒江地域以外の居住者である。このサポーター制度の特徴は、その運営主体が行政ではなく、地域住民で組織された運営協議会であるという点にあり、そこに地域住民とサポーターとの直接的なつながりをみることができる。

黒江の町並みを活かした景観づくり協定

住民や事業者が相互に結んだ地域の景観づくりのルールに関する協定を、和歌山県知事が和歌山県景観条例に基づき認定するという「わかやま景観づくり協定」の第1号に認定されている。

アンケート調査

63名のサポーターを対象に実施した（実施期間：2012年10月15日～11月5日）。調査票は郵送で配布し、返信用封筒にて回収した（回収率：53・9％）。

◆黒江のまちづくりの広がりの背景にあるもの

アンケート調査から、黒江のまちづくりにおける協働の広がりの背景には、以下の2点があることがわかった。1つに、サポーターと黒江の人々、あるいはサポーターと黒江という地域そのものとの潜在的なつながりである。「以前、黒江に暮らしていた」、「親戚や知人・友人が暮らしている」、「仕事でお世話になった」、「催し物の際に訪れる」など、日常的であれ、非日常的であれ、黒江との関わりのなかで醸成されてきた人や土地への思いが、サポーター制度によって浮かび上がってきたといえる。もう1つに、まちづくりへの社会的意識の高まりがある。大多数のサポーターの動機は、居住地や訪問頻度に関わらず、黒江の町並みを守りたいという思いによるものであり、これは、自身のやりがいや生き甲斐、地域社会への貢献といった動機を上回るものであった。また、今後については、広報誌の配布やホームページ、ブログの充実といった間接的・受け身的なものではなく、交流会や勉強会への参加といった直接的・能動的な参画を望んでいることが明らかとなった。

◆従来のコミュニティにとどまらない新たなコミュニティによるまちづくり

こうしたことから、サポーター制度は、まちづくりに関心を有する市民に参画の機会と実践活動のフィールドを提供する役割を担っているといえる。また、サポーター制度を設けたことで、黒江のまちづくりに対してメディアやほかのまちづくり団体からの関心が高まり、このことは黒江のまちづくりの推進力となっている。このような黒江のまちづくりをめぐる動きは、住み手＝まちづくりの担い手という構図から、住み手＋積極的・実践的な関わりを望む人々＝まちづくりの担い手という構図へと、まちづくりを担う主体拡大の萌芽と捉えることができるのではないだろうか。

まちづくりにおける担い手の拡大は、なにも町並みや景観保全といった側面からのまちづくりにかぎって重要な話ではない。黒江が属する海南市は、津波リスクがきわめて高い地域であり、南海・東南海地震による津波は最大約6メートルともいわれている。黒江のように、新たな担い手を推進力にまちづくりを進めようとする地域のみならず、東日本の被災地の復興にとっても、防災や減災、災害発生後のまちの復興といった側面から、地域外部からの支援は重要な論点といえよう。

今後、黒江のように、地域外部の人々を取り込んだまちづくりを進める地域にとっては、住み手である居住者と一時的な関わりである地域外部の人々が、責任の違いや課題認識の差異をいかに乗り越え協働していくのかが課題とな

漆器まつり

黒江は漆器産業が盛んであったことから、漆器まつり（まちのメインストリートである川端通りで漆器の販売店のみならず、50を超えるテントが並び、漆器の即売が行われる。全国から6万人の集客がある。毎年11月の第1土日開催）や下駄市（漆器のまちとして栄えた黒江で、職人の親方が盆に実家へ帰省する丁稚に下駄を買うため需要が大きくなり、市が立つようになったのが始まりで、その歴史は江戸時代にさかのぼるともいわれている。現在は、海南の夏の風物詩として、多くの露店が並び、3万人以上が訪れる。毎年8月14日開催）など、往時の歴史を感じさせる催し物が行われている。

写真9　海抜と避難場所を示す案内板（筆者撮影2014年4月）

る。しかしながら、こうした課題があるにしても、人口減少下にあるわが国の地域再生は、「新たな主体」の存在を抜きには語れないのではないだろうか。

注

（1）南の浜地区は、まちの中心部を通る川端通りを挟んだ南側に位置する。

（2）和歌浦の景観づくりに取り組む団体や「高山市景観町並保存連合会」から視察を受けている。

（3）海南市ホームページ、海南市地震・津波ハザードマップ（http://www.city.kainan.lg.jp/kinkyubosai/1399876235199.html）。

3　十津川村のリジリエンス

田中　正人

複数の被災者から同じ言葉を聞いた。「どこに移転しても、ここより安全かどうかはわからない」。当初私はこの言葉を、「ここ」に対する不安、あるいは「ここ」以外に行くところがないことへの諦めのように受け止めていた。だが十津川村に何度か通い、20人ばかりの方から話を聞くうちに、私は大きな勘違いをしていることに気づいた。

２０１１年9月、台風12号による紀伊半島豪雨災害は、奈良県南部から和歌山県南部にかけて甚大な物的・人的被害をもたらした。死者は全国で98人に及んだ。深層崩壊が集落を飲み込み、インフラを断ち切り、天然ダムを形成した。土砂災害の発生は３０００地区におよび、18の集落が孤立した。リスクは長期にわたって継続した。

その主要な被災地の１つ、奈良県十津川村は人口３６８０人、１８６１世帯、高齢化率は40％を超える。面積は村として全国最大の６７２・35平方キロメートルを占め、そのほぼ全域に大小およそ１００の集落が分布している。南北に国道１６８号が通り、そこから山間を縫うように枝道が伸びている。よく

リジリエンス

「回復力」「抵抗力」「復元力」「耐久力」などさまざまな訳語があてられる。「脆弱性（vulnerability）」の対概念という見方もある。主に心理学や生態学の分野で用いられてきたが、わが国では東日本大震災以降、「被災地のリジリエンス」といった文脈でしばしば言及されるようになった。

知られるように、十津川村周辺は1889（明治22）年にも大水害に見舞われ、249名が亡くなっている。565戸の家屋が流出・倒壊し、生業基盤であった山林や田畑も甚大な被害を受けた。生活再建に向け、2691人が北海道へ移住した。その後も水害は繰り返しこの地を襲い、2011年の被害を経てなお、次なる被災のリスクは継続している。

今次災害では、明治の水害時のような集団的な移転は行われていない。むしろ天然ダムの決壊の脅威が去り、インフラの途絶が解消されると、再びもとの集落に帰還する動きがメインストリームのように思える。なぜ人々は、明らかな再被災リスク下にあって、もとの住まいに戻り、あるいは戻ろうとするのか。

十津川村の山間集落には、ガスや下水道はもちろんのこと、上水道のインフラも整備されていないところがある。公共交通はなく（場所によっては週に1便のみ村営バスが運行している）、むろん徒歩圏に商店はない。災害は集落を孤立させたが、その多くはもともと実質的に孤立していたといえるのかもしれない。だがそれは、リアルもサイバーも自由に行き来できるネットワークを前提に暮らしている側の見立てにすぎない。集落には、雨水や地下水、河川、森林など自然の資源と燃料、そして急峻な斜面を覆うように作り上げられた耕作地があり、人々は半径数百メートルのその自然の生態系の一員として、高度に自立した生活システムを日々、更新してきた。そのような生活システムでの「孤立」と、ネットワークへの依存のどちらがより脆弱な社会なのかは、おそらく自明ではない。

もっとも現代社会において、このような生活システムはきわめて特殊であり、今後、同様のシステムが新たに普及するとも考えにくい。だが、この特殊な生活システムに対する集落の人々の態度は、決して特殊ではないように思われる。その態度とは、端的にいえば、独自の生活システムへの信頼である。

災害は、たしかに十津川の人々の暮らしを疵つけた。多くの生命が失われ、住まいが土砂に埋まった。そこには私の想像をはるかに超えた恐怖があり、避難暮らしの過程には疼くような逡巡や迷いや葛藤があっただろう。だが住まいの全壊を免れた人々の多くは、危機が去り、寸断された道路が回復すると、当然のようにもとの集落へ戻った。戻るという最終的局面における彼／彼女らの選択は、きわめて主体的・積極的な意識に依拠していたように思われる。

その意識を醸成したのは、おそらく長きにわたる暮らしのなかで構築されてきた自立的な生活システムへの信頼である。人々は、そのシステムへの信頼ゆえに、主体的・積極的な意識のもと、もとの住まいに戻るという選択をし得たのではないか。どれだけ集落が疵つけられたとしても、自立した生活システムそれ自体は破綻してはいない。なぜなら、被災のリスクは生活の外部に独立して存在するのではなく、自らの内にあり、システムの一部としてあったからだ。自分たちさえ戻れば、そのシステムは再び起動する。集落の人々はそのことをよく知っていた。

「どこに移転しても、ここより安全かどうかはわからない」という発話に私は、不安やあきらめではなく、「ここ」に対する信頼と、「ここ」で再び暮らすことへの希望を聞き取るべきだったのだ。

おそらくは、人が集まり、定住している土地、つまり居住地といわれるほとんどの空間には、十津川の生活システムに相当する固有のシステムがある。御蔵にも、青苗にも、虫亀にも、バンダ・アチェにも、プリピャチにも、その土地に暮らしてきた人々だけが獲得し得る、独自の生活システムがあり、それに対する信頼があったはずだ。その信頼が「戻りたい」という意識を立ち上げてきた。

それでもなお、「戻りたい」という意識は、ほかに選択肢のないなかでのある種の「適応的選好形成」の帰結ではないかという見方があり得る。そして時にそれは事実である。「戻らざるを得ない」がいつしか「戻りたい」にすり替わるという「適応的選好形成」の存在に、私たちは決して無自覚であってはな

バンダ・アチェ
インドネシア共和国スマトラ島北端に位置するアチェ州の州都。スマトラ島沖地震（２００４年12月26日）で甚大な被害を受けた。

プリピチャ
ウクライナの北部の市。チェルノブイリ原子力発電所事故による放射能汚染地域であり、原発事故により消滅した１６８市町村の1つ。１９７０年にチェルノブイリ原子力発電所職員の居住地として開発され、事故当時の人口は約5万人であった。

らないだろう。同時に「戻りたい」という意識を、ノスタルジー、愛着、執着といった言葉に収斂させるのはあまりにナイーブに過ぎる。なぜなら、固有の生活システムこそが被災地のリジリエンスの基底にあり、そのシステムを再起動できるのは、「戻りたい」という意識の連帯以外にはあり得ないからだ。

人が戻ることによって、システムは再び起動する。だが戻らなければ、そのシステムは眠ったまま、やがて人々の記憶から消え去るだろう。東日本大震災の被災地では、「災害危険区域」の指定によって、独自の生活システムが「強制終了」されようとしているかに見える。すべてを津波に洗い流され、物的には何もかもが失われてしまったとしても、そのシステムは深く根を下ろし、起動の時を待っている。まだ間に合う。十津川村のリジリエンスはその裏書きである。

4　中越から東日本へ

澤田 雅浩

東日本大震災から2年が経過した（2013年時点）。2004年に発生した新潟県中越地震の被災地の場合、震災から2年が経過した時点では災害復旧事業も峠を越え、仮設住宅での生活を終え始めた時期である。一般的に仮設住宅の入居期限は2年間と定められているが、そのルールにほぼ即したかたちで復旧復興のプロセスが進んでいたといえる。それは全村民が地域外へと避難せざるを得なかった山古志村の人々であっても、後述する移転再建等が必要となった一部地域を除いては、仮設の退去が進んでいたことからもわかる。しかし、東日本大震災の被災地では、この春に多くの人が仮設を退去して再建した住居での暮らしを始める、といったシーンが各地でみられるようになるというのは、現実的ではなさそうだ。この状況を「スピード感が足りない」と断ずる論調も散見される。実際にさまざまな対応が後ろにずれ込むことは、被災者の生活再建の遅れに直結することとなるため、その指摘は一部あたっている。ただ、復興のスピードだけを評価軸に一連のプロセスを進めていくことは、必ずしも地域やそこに暮らす人々にとって良いことだけでもないのではないだろう

山古志村
2004年の新潟県中越地震で甚大な被害を受け、一時全村避難を行う。2005年に長岡市に合併編入。

か。

いまさら振り返ってもしかたないことかもしれないが、仮設住宅の計画および入居については、質を求められず、量の確保に精一杯となった結果、そのしわ寄せといっていいような問題を生じさせている。特にいわゆる集落・部落と称されるようなエリアの住民を対象とした仮設住宅の計画は、なるべく被災時の集落構成を勘案し、敷地選定から入居者の組み合わせをていねいに行うことが、仮設住宅団地で暮らしていく際に大きな助けとなる。

しかし東日本の被災地では、建設必要戸数が膨大となり、津波浸水エリアを敷地の対象とすることができないなどの要因もあり、計画策定に大きな制約があった。本来ならば計画段階で、仮設住宅の2年間の生活でさらなる課題を生み出さないために、コミュニティ自体をなるべく維持した状況をつくり出すことで、たとえば高齢者の見守りなども地域住民に被災前からの延長線上の対応として委ねることができたはずである。それが、当時の首相によって「お盆までには全希望世帯の入居」が謳われたこともあり、そのような配慮に時間を割くことが許されない雰囲気となってしまった。たとえ入居が少し遅れたとしても、ここでもう少し仮設住宅で過ごす被災者の生活環境などを想像したうえで、それをより良いものにするための配慮を計画に組み込むだけの余裕があれば、と残念に思うのである。それは、山古志村の事例をみることで経験的には明らかである。

ひとくちに中越地震の被災地「山古志」といっても、震災時の被害は集落によって大きく異なっている。14ある集落のなかでも、世帯数の大きな集落ではさほど大きな被害があったわけではない。全村避難が行われたのは道路網の寸断による結果であり、最も大きな集落である種苧原集落などは、避難指示が解除された入居後7カ月経過時点で、多くの住民が集落での生活再開を果たしている。

一方で、国が直轄権限代行で復旧工事を担当した国道291号線の一部区間が集落に近接する芋川流域の集落では、津波浸水エリアの被害とは比べるべくもないものの、それでもかなり大きな被害となった。一部集落では下流域にできた河道閉塞の結果、水没してしまった。そのような集落を含め、被害が甚大となった6集落では、山古志地域集落再生計画が策定され、移転計画を含む大掛かりな再建に向けた対応がとられた。住宅再建にたどり着くまでに多くの時間を要することは、被災直後からある程度想定できていたこれらの地域の住民には、長岡市郊外で開発が進んでいたものの、分譲自体は思うように進んでいなかった長岡ニュータウンの未分譲地に3カ所に分かれた仮設住宅団地のうち、最も敷地条件、施設条件の良いところが用意された。

もともとの分譲用地の敷地形状上、結果として余裕のある住棟配置がなされたわけだが、集落単位で住戸が割り当てられたのは当然、住棟内での世帯配置についてもある程度配慮がなされたという。加えて、全村避難が行われたこともあり、村内にあった公益的機能ともいえる駐在所や郵便局、社会福祉協議会の拠点もこの団地内に設置された。東日本大震災でも陸前高田市永洞地区などいくつかの場所でも、これに近いかたちで実現している「仮設集落」としての生活空間である。さらには隣接する土地を自分自身で開墾することを条件として、畑地として利用することを認めている。

石ころだらけの土地がみるみるうちに仮設住民の手によって耕され、さまざまな野菜が実っていくさまは、まさに壮観であった。これによって山の暮らしから都市的なニュータウンでの生活へと、突然移行を余儀なくされた被災者も、すべての困難を一人ひとりが抱え込むのではなく、地域や周辺施設の利用によって解決していくことができたといえる。集会所はお茶を飲みに集まる集落の人々でいつも賑わい、外部からの支援（ボランティアによるイベントなど）も数多く行われた。当然、福祉的な見守り等も個別対応として行われていたが、建設順に抽選によって入居者が決定されていった仮設住宅団地とは異なり、近隣住民による対応が、結果として問題を未然に防ぐ機能をもたらし、本当に支援が必要な人へ労力を集中することもできた。

大規模災害からの復旧・復興プロセスは、応急対応の一環としての避難所、その後の仮設住宅の計画と入居、そして住宅再建もしくは公営住宅の入居というわかりやすい分類がなされるケースが多い。しかしこれらのプロセスはそれぞれが独立して完結するものではなく、互いに大きな影響をもちつつ関係するものである。通常と異なる圧倒的な業務量が発生することで、どうしてもそれぞれの段階において、本来は生活再建の一手段であるさまざまな施策が目的化してしまい、その段階での実現期間の短縮が求められてしまうことになる。特に行政内部の組織を考えると、それぞれの担当部署が異なれば、より一層その傾向が強くならざるを得ない。

こういった状況を批判することは簡単である。しかし筆者自身もいくつかの被災自治体の復興計画策定などに関わっていると、やむを得ない状況であることは明白である。これまで経験のない業務が次から次へと、自治体職員に降りかかってくるのである。現在の被災地では、高台移転のための防災集団移転促進事業の計画策定や住民合意、さらには罹災者のための災害公営住宅の必要個数算定やその立地選定などにも忙殺されている段階である。地元からは被災地区全体の足並みをそろえることも求められる状況で、どうしても時間をかけたり、それぞれの地域の将来をしっかりと見据えたうえでの事業計画策定に取り組む余裕はなかなか見い出しにくいのが正直なところであろう。

このような胸突き八丁の状況で、持続的な地域の発展を可能にするためにできることは何だろうか。その答えは当然1つだけでも、単純なものでもない。ただ、多少の無駄があったとしても、地域が求める各種施策にタイミングよく支援が行えるような仕組みや、仕掛けが必要なのではないだろうか。中越地震の被災地では、地域が住宅再建や地域への帰還後、自律的な復興へと歩を進めていくために、担当職員の献身的な現地での話し合いのもとかたちづくられていった中越大震災復興基金の各種メニューや、その一環として地域に配置された地域復興支援員の存在がそれなりの寄与をしている、というのがおおむね一致した見方となっている。残念ながら東日本大震災の被災地の場合、基金とは名づけられているが、神戸や台湾、新潟で設けられたものとは性格が異なり、地域の復興に柔軟に対応できるシロモノとはなり得ていない。復興支援員もそれぞれの思惑があり、被災者の見守りを活動の主眼としているケースもあるが、中越の役割とは異なる人的支援が行われている場合も多い。

このような状況下では、中越でうまくいった事例が万能薬であるとも思われ

地域復興支援員
新潟県中越地震の復興支援基金によって設置され、被災各地への復興支援センターに配置されている。

ない。神戸の経験も同様であろう。しかし、一連のプロセスを無駄も経験しながら進めてきたのは事実である。われわれが取捨選択してさまざまな情報をお伝えするのも1つの方法だろうが、やはり現地に来てもらって、いろんな情報提供をしながら実感してもらうこともまた大切なのではないかと思う。その点で、中越としての被災地責任は、情報発信もさることながら、さまざまな悩みの受け皿になる覚悟をもつことでもあるのだと思う。

第3章

オンサイトの支援者に学ぶ

１３年半目の「気仙沼」

塚本 卓

◆防災集団移転とまちづくり支援

東日本大震災発災後、２０１４年9月で3年半。「まちづくり」が目に見えるものとして本格化してきました。

地域コミュニティの形成・再構築を進めるためには、地域住民の意見の調整や現地での事業支援が必要となっています。これらの支援を行うＮＰＯ／ＮＧＯや大学関係者などの「地域コーディネーター」を調整・派遣する仕組みを構築し、事業の円滑な推進と新しい地域づくり、コミュニティづくりを継続的に支援することを目的として、２０１３年度から気仙沼市による「まちづくり支援総合マネジメント事業」が開始されました。

この事業の委託を受けたのが、２０００年2月に設立された「特定非営利活動法人気仙沼まちづくりセンター」という地元団体で、その業務を実施するために２０１３年5月に新たに設置した部署が「気仙沼まちづくり支援センター」です。私はその部署のセンター長の任を受け、活動しています。

気仙沼では、被災住民が5世帯以上集まり協議会を立ち上げて行う「協議会

写真10　住民会合の様子

写真 11　専門家情報交換会

型防災集団移転」と、集団化できない住民に対して市が主体となり行う「市誘導型防災集団移転」が合計38地区で行われています。そのなかで２０１４年９月現在「まちづくり支援総合マネジメント事業」を活用している「防災集団移転協議会」は12協議会あります。また、震災後に防災集団移転や浸水域の跡地利用を含む地域全体を住民で考えるために立ち上がった「まちづくり協議会」のうち４協議会で総勢30名のコーディネーターが関わってくださっています。

造成が完了して、土地の引き渡しが行われた協議会は２０１４年９月現在１協議会ですが、今後徐々に増え、２０１６年３月には引き渡しが完了となる予定です。ただ、土地引き渡し後に各世帯が建物の建築を開始することになるので、入居完了はその先となります。震災前とは大きく異なる環境のなかで新たな生活を営むこととなる住民にとっては、時間がかかればかかるだけ不安は増大していきます。そんな状況において、コーディネーターが、その専門知識やこれまでの経験・事例をもとに、現状の課題や今後起こる可能性のある問題解消のための選択枝を提示し、意見調整を行ってくれることで不安が低減し、落ち着いて話し合いができるようになりました。外部の存在＝第三者としての利点を生かし、まんべんなく住民の意見を聞き出し合意形成できることが何より大きいことです。コーディネーターが複雑な制度を翻訳し伝達、理解度を高め

写真 12　まちづくりパネル展示会

誤解を解消することで無用な諍いがなくなります。そうなれば、さらに建設的な話し合いが可能となり、住民同士の納得感が高まります。合意による決定事項が多ければ多いほど、具体的な未来が見え、希望が膨らみます。時間はかかるかもしれませんが、かければかけるだけ納得感も増し、より良い生活となる可能性も高まります。また、すべての住民から意見を引き出すことで地域は自分たちがつくるという意識が高まります。自分たちでできることを考える、あたりまえのことのようで、今まであまりできていなかったことを実践する機会を得ることが、災害によってもたらされたものではあるものの、住民にとって身近なものとなりました。

ただし、コーディネーターは通常業務の合間、休日等を利用したなかでの活動となりますので、関わりのある協議会・地域以外の情報を知り得る時間が限られています。住民にとっても、自分の地域の課題解決だけでも大変なので、ほかの地域の状況まで知る機会がなかなかありません。そこで、他地域の状況を把握してもらい、格差が出ないようにするために当団体が情報の提供・共有を行うようにしています。コーディネーターの顔あわせの場である「専門家情報交換会」の実施や、協議会が作成した計画をそれぞれパネル化して「まちづくり展示会」を開催、各地で行われているまちづくりの取り組みが共有できる機会の提供に努めました。気仙沼の特徴、地域ごとの特徴、その違いを把握する機会となったようで、その後の活動の一助となったのではないかと思います。また、支援活動なさっているコーディネーターの皆さんに対し、この地独特の風習や気質をお伝えすることで、住民の考えを理解していただく一助となったのではないかと思います。

もちろん、協議会の代表がコーディネーターとしての役割を担いながら、円滑に進捗している地域もあります。震災前から住民同士の関わりの深い地域は特にその傾向がみられます。

ただ、残念ながら第三者が関わることに対する警戒心を抱く人も多からずいますし、家を建てるだけだから話し合いの必要は特に感じないと考える協議会もありますので、状況をうかがい知ることができない地域も存在しています。引き続き、私たちの活動が理解してもらえるような努力が必要だと痛感しています。

◆「海沿いから高台に移転する」こと

海と山がすぐそばのリアスの地形では移動距離もそれほど離れていないし、同一市内だからさして問題はないように考えてしまいますが、実はそうではあ

リアス
三陸海岸などでみられる、入り組んだ地形。

りません。海と山の文化は明確に異なります。今でこそ、水産業従事者も養殖業などである程度安定的な収入を見込めますが、どちらかといえば浜の文化は一発勝負で、攻めの要素が色濃い「動」の文化であるように感じます。一方、農業従事者は時間をかけ、辛抱強く作物を育て収穫を得るという「静」の要素を強く感じます。

異なる気質が同一地域で生活するようになるのですから、移る側である防災集団移転協議会内部のコミュニティと、移転先である受け入れ側、内陸のコミュニティ双方の関係をつなぐ支援も必要となります。

移転の形態はさまざまで、自立再建・災害公営住宅（戸建て／長屋／マンション）・前述の住民主導の協議会型防災集団移転、それと気仙沼市が主導する市誘導型防災集団移転と多岐にわたります。また、借り上げのいわゆるみなし住宅となっていたアパート等に、永続的な住まいとしてそのまま住む選択をなさった方もいます。空き室が増えていく仮設住宅を含め、それぞれの状況がどのようになっているのかを把握したうえで、コミュニティ形成と支援を考える必要があります。

写真13　気仙沼 NPO/NGO 連絡会

◆顔の見える関係

幸いなことに、気仙沼では震災の年の5月から現在まで、毎週支援者間の情報共有と活動調整を行う場「気仙沼NPO／NGO連絡会」が開催されています。そこでは、主に市内で活動するNPO／NGOと社会福祉協議会・行政・大学関係者等が参加、ときには市外からも参加者がいます。特に参加基準も設けていないので誰でも参加できる場となっていて、それぞれの立場で行っている活動を理解し合っています。また、活動のなかから浮かび上がる課題を共有し、ときには協力しながら効果的支援を検討し実施しています。そこには震災直後から培った、参加者個人個人に対する信頼と安心感があります。当初は外部支援団体が中心となって開催されていた連絡会ですが、現在では地元団体が中心となっていること、さらに毎週定時に集まることが習慣化していることも今後の支援を行ううえで大きな強みといえるでしょう。

まち全体を考え、お互いの立場を理解したうえで協力体制を維持し、同時に住民の力を高め、誰かに負担がかかりすぎることなく、どこかに頼り過ぎない支え合いを目指していかなければ、復興予算がなくなった後には地方都市の抱える厳しい現実が残るだけとなってしまうでしょう。立場を越えた日常的な顔の見える関係構築が重要となります。

◆未来へ向けて

私が生まれ育った気仙沼。今回の津波で多くを失いましたが、地域固有の歴史文化までが消え去ったわけではありません。日常生活に埋もれ、多くの市民が気づいていなかったこのまちの魅力を、支援に来てくれた地域外の皆さんが改めて示してくれました。そのうえで課題解決方法の選択肢を示してくれました。話し合いの効果的なもち方も学ぶことができました。

おかげさまで今の気仙沼があり、未来へ向けたまちの可能性が広がろうとしています。

いずれは外部支援の皆様もこの地から離れ、それぞれの活動場所へと居場所を移すことになるでしょう。だからといって、これまでに築いてきた関係が消滅するわけではありません。離れたからこそ見えることがあるでしょう。それに対し、助言をいただくような関係は継続できるはずです。私たちも頼るだけでなく、学び得た経験を広く伝えていかなくてはなりません。

気仙沼が魅力的なまちとなるために地域の特性を活かしつつ、内も外も、老若男女も問わず、多くの人のさまざまな考えをもとに、最良の選択をしながら「まちづくり」を継続していく。その基盤づくりは今だからこそできることです。

「気仙沼まちづくり支援センター」職員として、一市民として、微力ながら
その下支えをしていきます。

2 内発的まちづくりに向けて
まち・コミの東日本での活動

宮定 章

◆団体紹介

阪神・淡路大震災まち支援グループ まち・コミュニケーション（1996年設立、2012年にNPO法人格を取得。以下、まち・コミ）は、阪神・淡路大震災（1995年）以降、現地の神戸市長田区御蔵通に18年間常駐し、事務局は、素人ながらも生活再建やまちづくり等に関われることを目指し、専門家の応援をいただきながら、活動を継続してきた。ある被災者は、「（あなたたちは何もできないことはわかっていた。ただ）いつも横にいて、一緒に悩んでくれるだけで心強かった」という。

私たちは、震災により地区の8割が焼失し、まちの存続が危ぶまれたその直後に、住民有志が集まり、まちに戻りたい人を何とか戻れるようにして、まちを復興させようと活動を始めた。しかし、震災から18年を経た今でも、震災前に居住や商売を営んでいた人の27・3％が戻ってきたのみである。[1] そのように復興事業が進むなかで、支援からもれる人が出てきて、住民組織の活動が困難になってくることを経験した。復興事業により、まちは道路と公園が整備さ

神戸市長田区
神戸市西部に位置する。阪神・淡路大震災で甚大な被害を受けた。

れ、きれいになった。しかし、地域を訪れる旧住民は、「(旧の知り合いもいなくなり)まちは、きれいになったが、生活のにおいがなくなった」とおっしゃった。そのような過程で、復興事業後も、「まちの復興とは何なのか」を問い続ける環境が続いている。

その経験を通じて学んだ視点から、東日本大震災での生活再建と復興事業の現状報告と、当団体の活動を紹介する。

◆東日本での事象(現在)から阪神の経験を結ぶ視点

2012年2月、宮城県石巻市雄勝町の若者が、「このままでは、まちがなくなる」と、神戸まで訪ねてこられた。すぐに雄勝町に行くべきだと考え、しばらくは車上生活になるため、生活道具を詰めて雄勝町に向かった。

雄勝町では、やむなく転出した方も多く、話し合いをしたくても、集まりにくい状況になっていた。また、防災集団移転促進事業は、従前地を災害危険区域に設定する。よって、従前地でのかさ上げ現地再建を主張する人がいると、災害危険区域設定がしにくく、「転出・土地売却を希望するもの」と「現地再建を希望するもの」との当事者間に利害関係が生じ、会合をもちにくい状況であった。(3)

石巻市雄勝町
宮城県北東部に位置する。2005年に雄勝町など6町が石巻市と合併し、新たな石巻市として発足している。

活動の内容

調査研究、相談受け入れ、視察受け入れ等による外部支援者とのつながりづくりなど。詳細は『まち・コミブログ』(http://machicomiblog42.fc2.com/)で日々更新中。

現状は、復興事業に時間がかかるため、もとの地区に戻りたいと希望していた人も長い時間に耐えられなくなり、徐々に少なくなりつつある。[4] 震災前、地区の居住地の大半を占めていた浸水域は災害危険区域であり、土地利用に制限がかかり、震災前のように、地域としての居住地がとれないため、人がいないまちをどのように復興できるのか、地元住民のなかには、まちの将来像を見い出せないものもいる。[5]

◆まち・コミの東日本での活動

そこで、復興事業の進捗を追い、地域の方と共有することはもちろんのこと、復興事業メニューだけではフォローできない地域住民のまちづくりビジョンを考える場をつくるため、現在、月に20日ほど常駐して、漁師や農家とともに汗を流し、地域の方の生活を学ばせていただきながら、活動を行っている。

◆内発的まちづくりに向けて――事実の聴き取りから、立ち位置を確認して動く

漁村をまわりながら、明治から現代までの個人史や地域史を住民が振り返る機会をつくって聴いている。津波でほぼすべてを流されたまちでは過去と通じる具体的なものが少ないため、それをきっかけにして聴き取ることは難しい。

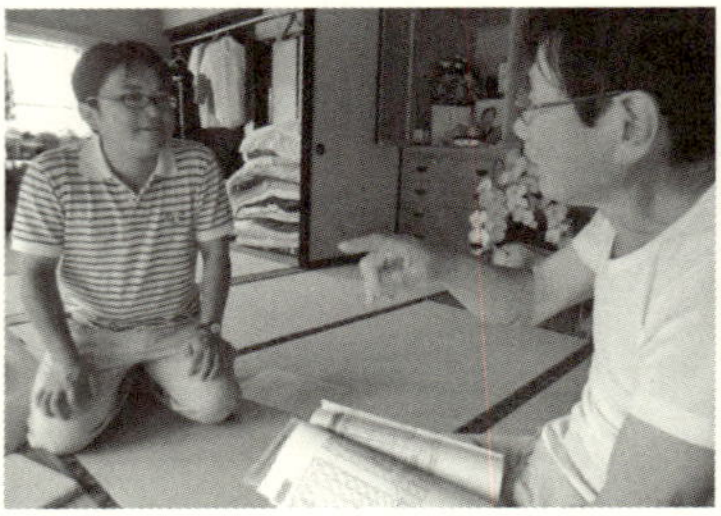 

写真 14, 15　聴き取り活動の現場

そこで、地域の方から話を聴かせていただいた後、図書館等でほぼ3倍の時間をかけて文献調査を行い、そしてまた漁村に向かう。そうすることで、高度経済成長や漁法の変遷（200海里）により、どのように地区へ人が戻り、人が出ていったのかを把握することができた。地域に住むようになった過程を聴き、これまで人口維持にどのように苦心してきたのか、1980年から養殖産業を興し、現在があること、そこに地区の特徴（立ち位置）があり、時の利、地の利を活かしている。「（中略）何より住民たちが故郷のことをあらためて考え直し、魅力を再発見することで、誇りをもてるようになる。人はルーツを知り、立ち位置を確認せずに安心して歩み出せるだろうか」[6]。そこで、「（外部者が動くのでなく）聴き取りと共有の場をつくるのみで、住民自ら動くことを信じ、ただただ聞き役に徹する」ことを心し、そこから、身の丈にあう継続できるまちづくりを目指して聴き取りなどの支援活動を行っている。

最近の例を1つあげよう。津波で家が流され親族の家に身を寄せる紳士と地元住民会議で出会う。会議の数日後、まち・コミは、会議で誰もわからなかった事項を調べて、関連情報をもって行った。すると、彼はこれまでの生活再建・復興まちづくり、そして時々での想いを語り始め、まち・コミは5日間連続して、聴き続けた。途中から、彼は、興味のあることの数々を話し始めた。

彼は、森林をずっと整備してきたそうで、当事者がもっている資料を見せてくださった。その資料を借り、森林の再生に向けた経緯を視点に、まち・コミでまとめ直し、次の日には関連参考書籍とともにもって行った。徐々に、彼から想い出が出てきた。「昭和8年の津波のとき、電気工事の人が、残ったわが家に泊まり込み、復旧・復興活動をしたのを覚えている。俺も、自分の住む場とともに、復旧・復興の基地になる場をつくりたい」と、張りのある声で話してくださった。その話に反応し、こちらもいろいろ材料を出したかったが、彼がイメージをふくらませる時間を継続させるため、その日は、そのまま帰った。

次の日、神戸の復興まちづくりの一部である、住民とボランティアが建てた古民家移築集会所（まち・コミがコーディネート[7]）の写真を彼にみせると、2日後には、チェーンソーを借りて木を切り始め、運搬するのが大変になったので、5日後にはロープをどこからか手に入れてきた。その後、彼は休みなく山に入った。まち・コミがそのようすを発信すると、そこに支援者が集ってきてくださった。本格的な作業を行えるように、彼は、チェーンソー作業者の資格を取りにいき、作業小屋を建てる材料の準備の段取りはなんとか整ってきた。「設計できるものはおらんか。昔は、大工のもとで、地域の人が建設工事をしていたのだから（自分たちでも建設できるはず）」と、嬉しそうに話し、自ら家を建てるため動き始めた(8)。

被災地の方は、大変ななかでも、何とかできないか模索している。それをまち・コミは、一緒に探していきたい。読者の皆様からも、ご指導よろしくお願いします。

注

（1）「住民とボランティアの協働よるまちづくり主体の復興・減災活動」大阪ガス『情報誌CEL』91号（2010年1月）。

（2）宮定章・塩崎賢明（2012）「復興土地区画整理事業における権利関係・建物用途に着目した再建動向に関する研究――神戸市御菅西地区におけるケーススタディ」『日本建築学会計画系論文集』第77巻第673号601-607頁。

（3）「石巻市雄勝町の現場から：復興まちづくりの合意形成過程」日本住宅会議編（2013）『東日本大震災住まいと生活の復興――住宅白書2011-2013』ドメス出版、195-199頁。

（4）読売新聞「被災地人口減続く　最大は女川の6・3%前年比」2013年8月29日。

（5）日本経済新聞「住宅再建自らの手で『代え難い場所』守る」2013年8月25日。

（6）神戸新聞「香寺町史研究室主宰大槻守さん　故郷を再創造するため――激変の地域共同体、集落誌を編む意義は？」編集委員インタビュー、2013年。

（7）和田信明・中田豊一（2010）『途上国の人々との話し方――国際協力メタファシリテーションの手法』みずのわ出版。
（8）（5）に同じ。

3 みやぎ連携復興センターに参画させていただいて

石塚 直樹

2011年3月11日、私は新潟県南魚沼市にいました。2004年に発生した新潟県中越地震からの地域復興に取り組む地域復興支援員との打ち合わせのためです。打ち合わせの最中、長く、大きな揺れを感じました。東北で大きな地震が起きたらしいという情報を得て、打ち合わせを中断し、長岡市にある事務所に戻りました。同僚の阿部巧さんと途切れ途切れのラジオを聴きながら1時間半ほどかけて事務所に戻り、テレビで映し出される津波の映像をはじめて目の当たりにして茫然としてしまったときのことを、今でも鮮明に覚えています。

当時私は、社団法人中越防災安全推進機構のコーディネーターとして、2004年に発生した新潟県中越地震によって被災した中山間地域の復興支援に携わっていました。東日本大震災発生以降は要望に応じ、被災地に赴いての中越地震からの復旧・復興に関わる事例提供や、中越に来ていただいての視察コーディネート、また中越大震災復興基金による地域復興支援員を参考に生み出された総務省復興支援員等の制度設計に向けたサポートなど、東北の被災地と中越をつなぐいくつかのプロジェクトを担当させていただきました。そのな

中山間地域
平野の外縁部から山間部にかけての地域を指す。

写真16　復興みやぎネットワーク会議における情報共有（第7回、2013年6月）

かでも震災以前より建築学会農村計画委員会を通してやりとりのあった、宮城大学の鈴木孝男先生を通じて、特に宮城県で復旧・復興に取り組まれている方々と接する機会を多くいただきました。そのご縁でみやぎ連携復興センターに2012年10月より出向させていただくこととなり、現在に至ります。

みやぎ連携復興センターは震災から1週間後の2011年3月18日に準備会が発足、3月25日に設立されたセンターです。当初の目的は「支援したい団体・企業・学校」と「サポートを必要とする市民及び市民を支える宮城のNPO・市民活動団体」を「つなぐ」コーディネート機能を果たすこと。緊急支援に動き出していた5つの団体（①特定非営利活動法人 ジャパン・プラットフォーム［JPF］、②公益社団法人 仙台青年会議所、③一般社団法人 パーソナルサポートセンター、④被災者をNPOとつないで支える合同プロジェクト［つなプロ］、⑤特定非営利活動法人 せんだい・みやぎNPOセンター）を構成団体とし、物資や人材をマッチングする活動からスタートしました。

その後、緊急性の高い支援の必要が少しずつ減少していた2011年7月、「被災された方が主役の復興こそが中長期的なまちづくりにつながる」という考えのもと、それまで実施していたつなぐ事業に加え、「はぐくむ事業」、「しらべる事業」を展開しました。新たに加えられた「はぐくむ事業」では被災者自

写真17　復興みやぎネットワーク会議における情報共有（第7回、2013年6月）

らによるコミュニティの活性化に向けた小さな活動を支援し、また「しらべる事業」では応急仮設住宅への入居が完了しつつある状況の変化を踏まえ、仮設住宅における地域コミュニティ活動やNPO等による支援活動の実態調査を実施し、今後に向けた対策を講ずる際に必要となる基礎情報の整理を行いました。

２０１３年６月から「はぐくむ事業」「しらべる事業」は他の協力団体に委ねることとし、みやぎ連携復興センターの活動を再び「つなぐ事業」に絞り込みました。その背景には、地域にさまざまなグッドモデルが生まれつつあり、またそのような情報を欲している地域はあるものの、つながり波及していかない状況がありました。そこで、復興に取り組む、復興を支える多様な担い手のネットワークを構築することによってグッドモデルが波及していくことを目指し、同事業では「復興みやぎネットワーク会議」と題した県域の情報共有・マッチングの場の主催や、子育て・生活支援などのさまざまなテーマ型ネットワーク形成に関わる場づくりの支援を行っています。また岩手・宮城・福島３県の連携復興センターのミーティング等も定期的に開催し、３県の情報共有や、被災地域のニーズに即した事業化につなげるための政策提言等にも取り組んでいます。

同年10月からは宮城県内における総務省復興支援員・宮城復興応援隊の設置

写真18　復興応援隊合同研修での取り組みに係る意見交換（第1回、2012年12月）

を受け、宮城県より復興支援活動推進業務（通称復興応援隊サポート業務）を受託し、復興支援員・復興応援隊や関係する行政・団体担当者、また、ほかの復興の担い手を対象として、人材育成を目指した研修会や意見交換会等の場づくりを開始しています。

これまでのみやぎ連携復興センターの取り組みは、同じ立場同士、また内と外など、震災復興に携わる二者以上を「つなぐ」ことに共通し、フェーズの変化や対象によってその方法を変えてきたプロセスであったと感じます。当センター代表の紅邑晶子はこの役割を、花の蜜を集める過程で花粉（復興のグッドモデルやノウハウ）を運び、植物の受粉を助ける「ミツバチ」の役割にたとえています。

そのように書くと、整理したうえで活動を展開してきたようにうつりますが、実際は日々暗中模索であり、代表・スタッフ皆で悩みながら、また多方面からの叱咤激励をいただきながらのトライ&エラーの連続であったと感じます。その繰り返しを経て現在、ようやく少しずつ、信頼関係を築きつつある状況を感じています。

災害は悲惨なものではありますが、その一方で東日本大震災以降、これまで地域づくりに関わる機会やチャンスのなかった方々が、ボランティア等の地域外からの支援者と一緒になり、自らの地域の地域づくりに陰になり支える、また、主体となり育てる側になって活動している状況に多く出会います。またそのことによって、ものすごいスピードで地域づくりの小さな種が生まれてきている状況を強く感じています。今後も適切な「つなぐ」取り組みを通して、その種が定着し、開花する際の一助となることができれば幸いです。

私がみやぎ連携復興センターに出向し、東北復興に常時関わらせていただくようになって、はや10カ月が経とうとしています。残念なことに出向以降、過去の災害復興の経験や支援者側のミッションをもとに、現地に答えや手法が押しつけられる状況を幾度となくみています。押しつける側としてはそのような意識はなく、あくまで善意で行っていただいていることではありますが、受け取る側のニーズやペースとは必ずしも一致していないと感じます。私自身も中越から東北に来たひとりとして、無意識にそうなってしまっているかもしれません。

災害からの地域復興、そしてそこでの持続可能な地域づくりは、地域のペース・地域のイニシアチブで進められるべきだと考えます。このことを大切にしながら、今後も活動を続けていきたいと思います。自戒の念を込めて、共有させていただきます。

4 コミュニティ再建のために災害公営住宅で何が可能か

宮城県七ヶ浜町での取り組みから　佃　悠

写真19　松ヶ浜地区公営住宅等計画地（手前の敷地には地区避難所が建設予定）

東日本大震災から3年が経過した（2014年時点）。筆者は、2012年4月に現職に赴任し、それ以来いくつかの自治体で復興事業のお手伝いをさせていただいている。2年間ではあるが現場近くにいた身として、今年に入り、潮目というか、現場の空気感が少し変わってきているように感じている。誤解を恐れずにいうと、甚大な被害を引き起こした震災直後の熱気に突き動かされたような状態から、平時への回復とさらにその先の持続可能性を冷静に考えられる状況になってきているようだ。しかし、原則2年を入居期限としていた仮設住宅での生活をいまだ余儀なくされ、今後の住宅再建に不安を抱えながら生活されている方が多くいることも、復興事業が緒についたばかりであることも事実であり、今後乗り越えるべき課題が山積みであることはいわずもがなである。本当に復興したといえるまでには、まだまだ時間が必要であろう。

非常時から平常時へ戻るために、まず第1は住宅の再建である。住宅再建には、大きく自力で再建する方法と、公営住宅等公的に提供される住宅に入居する方法の2つがある。自力再建に関わる課題も多いが、次の機会に譲り、今回は災害公営住宅について述べたい。

岩手・宮城・福島の被災3県では、約2万9000戸の災害公営住宅の供給が予定されており（2014年3月時点）、2015年度までに8割の完成を見込んでいる。[1] 被害が広域であるため、各自治体の地理的特性、被害規模等により詳細にみていけば異なる課題もあるが、共通するものも多い。今回は、七ヶ浜町（筆者の所属する建築空間学研究室では、震災以前から長期総合計画策定に関わっており、発災以降、復興基本計画策定から福祉との連携まで幅広く復興事業を支援している）を例に、その災害公営住宅建設のプロセスを辿ることで、住宅再建における課題の一端を明らかにすることを試みたいと思う。

七ヶ浜町は、人口約2万人、半径2・5キロメートルの円にすっぽりと入る東北地方で最も面積の小さい自治体である。三方を海に囲まれ、その名の由来となった7つの浜と、良好な住宅地の高台地区によって形成されている。浜ごとのつながりが強く、親戚が同じ浜や町内に居住している世帯も多い。東日本大震災では、町域の36％が浸水し、住宅被害は、2011年10月末時点で全壊683世帯、大規模半壊233世帯であった。[2] 高齢化率は被災前の2010年4月1日時点で21・4％であり、[3] 公営住宅入居者も高齢者が中心となることが予想された。また、そもそも小規模な自治体であるため、過剰な公営住宅の保有は将来的な維持管理のリスクをともない、特に空き室の発生はコミュニティの劣化を招きかねない。そのため、持続的なコミュニティ構築を目指し、「孤立化を防ぐこと」と「公営住宅の適正化」を当初から念頭におき、災害公営住宅の計画がスタートした。実現のためのプロセスとして、①必要戸数の確定、②設計者の選定、③住宅の設計、④施工業者の選定・建設を進めつつ、並行して⑤地区ごとの見守り体制の検討、⑥公営住宅入居希望者の入居支援を行い、関係各課の連携のもと多層的に取り組んでいるところである。

①必要戸数の確定：居住意向の把握（2011年7月〜現在）

七ヶ浜町では、2011年7月に第1回居住意向調査（被災した全1254世帯を対象）、2012年2月に第2回居住意向調査（罹災証明書で全壊・大規模半壊と判定された986世帯を対象）を行い、その後も継続的に住宅再建意向把握に努めてきた[4]。特筆すべき対応として、2回の居住意向調査の間に、個別対応を基本とした相談会を行った点があげられる。各世帯の状況に合わせた再建方法や活用可能な補助金の情報提供をていねいに行ったことで、2012年3月時点で精度の高い居住意向の把握が可能となった（その後、災害公営住宅希望戸数の変化は、2012年3月時点で219戸、2014年2月時点で209戸であり、10戸の減

リビングアクセス
日常生活空間であるリビングを共用空間側に配置し、入り口や開口を設けることで、住戸内外のコミュニケーションを促す、コミュニティに配慮した集合住宅の形式。

写真 20　菖蒲田浜地区災害公営住宅のイメージパース

少に留まっている）。この数字をもって、七ヶ浜町では具体的な設計検討を開始した。

②設計者の選定：孤立化を防ぐ住宅の試みとプロポーザルコンペの実施（2012年7月）

阪神・淡路大震災の教訓から、[5]コミュニティを維持し、自然な見守りによる孤立化防止のために、4層以下の住棟、リビングアクセス型住戸、従前居住地区の災害公営住宅への入居を基本原則とした。リビングアクセスは、日常生活空間であるリビングが共有空間である通路側に位置することが特徴である。[6][7]阪神・淡路大震災後の災害公営住宅は、従来のマンションタイプに多い北入廊下・南側リビングで、玄関扉が鉄扉であるものが多く、住宅内での孤立化、さらには孤独死の把握が困難であったことが報告されている。[8]筆者の所属研究室では阿部仁史アトリエと協働して、2003年に仙台市営荒井住宅でリビングアクセス型住戸を実践したが、プライバシーを侵害せず、コミュニティ指向の住戸とするために、通路空間に十分な離隔が必要であることを経験している。さらに、日照確保の面から、隣棟間隔に対応した断面計画の検討も重要であり、これらの難しい要求に応えることのできる、経験の十分な設計者を選定するため、プロポーザルコンペを実施した。RC造、木造の各モデル地区（筆者らによりモデルプランを作成）への提案を評価し、前者は上位３者に各１地区を、後者は最優秀者に２地区を委託することとなった。

③住宅の設計：住民と設計者とのワークショップ（2013年2月～2013年5月）

設計者への委託業務には住民とのワークショップが盛り込まれた。入居予定の約２００世帯には高齢者が多く、終の住処となることが予想されるため、設計者には反映可能な要望は汲みとってもらうこと、設計段階から住民に関わってもらうことで災害公営住宅への理解を促すことを意図した。また、１００戸が計画されている菖蒲田浜地区では、将来的なグループホーム等への転用にも配慮して設計が行われた。

④施工会社の選定・施工（2013年～現在）

施工管理は経験の多い県に協力を仰ぐこととした。設計者は積算段階から県土木部復興住宅整備室の指導を受け、決められた工事金額内に収める作業が行われた。２０１３年秋以降の建築資材、工務単価の高騰による標準単価と市場単価の乖離等困難な状況があったものの、２０１５年４月の松ヶ浜地区木造公営住宅を皮切りに順次５地区が竣工予定である。

グループホーム

認知症の症状をもつ高齢者や障害を抱えた人が専門スタッフのサポートを受けながら、少人数で生活する住宅。日本では、認知症高齢者グループホームは介護保険法、障害者の共同生活援助を行うグループホームは障害者総合支援法に位置づけられている。

写真21　菖蒲田浜地区災害公営住宅設計者によるワークショップ

⑤地域での見守り体制の検討：見守り支援計画策定委員会（２０１３年７月〜２０１４年３月）

建設業務と並行して、保健福祉の担当部署である健康増進課では災害公営住宅へ入居する高齢者が安心して暮らし続けられるための見守り支援計画策定委員会を発足させ、周辺地域も含んだ見守り体制の検討を行った(9)（委員会には、入居者代表のほかに、見守りの要となる地区長と民生委員、町職員、社協職員、警察、学識経験者等が参加）。今後は日常生活で自然にお互いを見守り、適切に関係機関で情報共有する仕組みづくりに取り組むところである。

⑥公営住宅入居希望者の入居支援：入居に向けて（２０１４年４月〜現在）

現在、入居後の管理を担当する建設課と健康増進課を中心として、入居に向けた住民支援の準備を進めている。具体的には来年（２０１５）４月に入居予定の松ヶ浜地区公営住宅を対象とし、２０１４年６月から順次ワークショップを実施予定であり、筆者も委託を受けお手伝いさせていただいている。震災前に戸建て住宅に居住していた住民も多く、入居住戸や駐車場の位置の決め方だけでなく、共用部の使い方等を居住者同士で検討することで、集合住宅での自治の芽を育むことを目指している。コミュニティ再建の第一歩となることから、筆者も町の担当者と慎重に協議を重ねているところである。年度の後半には⑤の見守り体制との連携も図る予定である。

◆それぞれの組織体制

①から④まではいわゆるハード面、⑤と⑥はソフト面の取り組みであり、前者は主に震災復興推進課（2011年4月から2014年3月までは震災復興推進室）、⑤は健康増進課、⑥は建設課と健康増進課と担当部署が移行している。行政では部署を越えた連携が難しいといわれているが、関係部署が出席するコア会議や、筆者ら学識経験者をつなぎとしながら、比較的スムーズな連携を実現している。

七ヶ浜町では、「孤立化を防ぐ」取り組みとして、住宅の計画時点での工夫（4層以下、リビングアクセス、従前地区入居の原則）、見守り体制の構築、入居前からのコミュニティづくりを、「公営住宅の適正化」として、必要戸数把握の徹底、グループホーム等への転用を見据えた設計に取り組み、発災直後から現在まで、多層的に2つの命題を解く努力を続けてきた。現在では、多くの自治体が住まいと福祉の連携によるコミュニティ再建に取り組み始めているが、七ヶ浜町で計画段階から多層的な対応を可能にしたのは、当初からの明確な将来像の共有と関係各所の連携が重要な役割を果たしたからであると実感している。

七ヶ浜町は小規模な自治体であり、住民同士、住民と町職員、町職員同士の関係が密接である。それにより、ていねいな個別相談会による必要戸数の絞り込みや、担当課同士の連携がスムーズに行えたといえる。今後大都市圏での発災時に、七ヶ浜町の実践を一概に適用できるとは思わない。しかし、「孤立化を防ぐ」「公営住宅の適正化」は被災地にかぎった話ではない。平時から明確な将来像をもち対策を検討しておくこと、その際、ハード、ソフト両面からの検討がスムーズに行えるように、関係者間の風通しを良くする努力は可能であろう。コミュニティ再建のために災害公営住宅で何が可能か――発災後のコミュニティの再建は、災害公営住宅だけで可能にするのではなく、発災以前のコミュニティと住まいのあり方を考えるところから始まっているのではないだろうか。

注

（1）復興庁『「面整備事業による民間住宅等用宅地及び災害公営住宅の供給時期・戸数」、住まいの復興工程表（2014年3月末現在）』（2014年5月13日公表）。
（2）七ヶ浜町『七ヶ浜町震災復興計画　前期基本計画（2011-2015）』（2011年11月）。
（3）七ヶ浜町『七ヶ浜町統計書　平成23年度版』（2012年4月1日）。

理 コトワリ

KOTOWARI
No.75
2025

五〇〇点刊行記念

関西学院大学出版会の総刊行数が五〇〇点となりました。
草創期とこれまでの歩みを歴代理事長が綴ります。

関西学院大学出版会
KWANSEI GAKUIN UNIVERSITY PRESS

未来の教育を語ろう

關谷《せきや》 武司《たけし》
関西学院大学教授

著者は現在六四歳になります。思えば、自身が大学に入学した頃に、パーソナル・コンピューター（ＰＣ）というものが世に現れ、最初はソフトウェアもほとんどなく、研究室にあるただの箱のような扱いでした。それが、毎年毎年数倍の革新的な能力アップを遂げ、あっという間に、ＰＣなくしては、研究だけでなく、あらゆるオフィス業務が考えられない状況が出現しました。その後のインターネットの充実は、さらに便利な社会をもたらし、近年はクラウドやバーチャルという空間まで生み出しました。そして、数年前から、ついに人工知能（ＡＩ）の実用化が始まり、人間の能力を超える存在にならんとしつつあります。ここまでの激的な変化が、わずか人間一代の時間軸の中で起こってきたわけです。

もはや、それまでの仕事の進め方は完全に時代遅れとなり、昨年まであった業務ポストがなくなり、人間の役割が問い直されるまでに至りました。この影響は、すでに学びの場、学校や大学にも及んでいます。

これまで生徒に対してスマホートフォンの使用を制限していた中学や高等学校では、タブレットが導入され、ＡＩを使う生徒の姿に教師が戸惑う光景が見られるようになりました。教室で、ＡＩなどの先進科学技術を利用しながら、子どもたちに、何を、どのように学ばせるべきなのか。これは避けて通れない目の前のことで、教育者はいま、その解を求められています。しかし、学校現場は日々の業務に忙殺されており、立ち止まって現状を見直し、高い視点に立って将来を見据えて考える、そんな時間的余裕などはとてもありません。ただただ、「これでいいわけはない」「今後に向けてどのような教育があるべきか」

など、焦燥感だけが募る毎日。

この書籍は、そのような状況にたまりかねた著者が、仲間うちの教育関係者に訴えかけて円卓会議を開いた、そのときに話された内容を記録したものです。まずは、僭越ながら著者が基調講演をおこない、続いて小学校から高等学校までの現場の先生方、そして教育委員会の指導主事の先生方にグループ討議をしていただきました。それぞれの教育現場における課題や懸念、今後やるべき取り組みやアイデアの提示を自由に話し合い、互いに共有しました。そして、それを受けて、大学の異なるご専門の先生方から、大学としていかなる変革が必要となるか、コメントを頂戴しました。実に有益なご示唆をいただくことができました。

では、私たちはどのような一歩を歩み出すべきなのでしょうか。社会の変化は非常に早い。

そこで、小学校から高等学校までの学校教育に多大な影響を及ぼしている大学教育に着目しました。それはまた、輩出する卒業生を通して社会に対しても大きな影響を及ぼす存在です。

一九七〇年にＯＥＣＤの教育調査団から、まるでレジャーランドの如くという評価を受けてから半世紀以上が経ちました。もはや、このまま変わらずにはいられない大学教育に関して、大胆かつ具体的に、これからの日本に求められる理想としての大学の姿を提示してみました。遠いぼんやりした次世紀の大学ではなく、シンギュラリティが到来しているかもしれない、二〇五〇年を具体的にイメージしたとき、どういう教育理念で、どのようなカリキュラムを、どのような教授法で実施するのか。いま現在の制約をすべて取り払い、自らが主体的に動ける人材を生み出すために、妥協を廃して考えた具体的なアイデアを提示する。この奇抜な挑戦をやってみました。

このような大学がもし本当に出現したなら、社会にどのようなインパクトを及ぼすでしょうか。消滅しつつある、けれど本来は資源豊かな地方に設立されたら、どれほどの効果を生み出すでしょうか。その影響が共鳴しだせば、日本全体の教育を変えていくことにもつながるのではないでしょうか。

そんな希望を乗せて、この書籍を世に出させていただきました。批判も含め、大いに議論が弾む、その礎となることを願っています。

関西学院大学出版会の誕生と私

荻野《おぎの》　昌弘《まさひろ》　関西学院理事長

一九九五年は、阪神・淡路大震災が起こった年である。関西学院大学も、教職員・学生の犠牲者が出て、授業も一時中断した。この年の秋、大学生協書籍部の谷川恭生さん、岡見精夫さんと神戸三田キャンパスを見学しに行った。新しいキャンパスに総合政策学部が創設されたのは、震災が起こった一九九五年の四月のことである。震災という不幸にもかかわらず、神戸三田キャンパスの新入生は、活き活きとしているように見えた。

その後、三田市ということで、三田屋でステーキを食べた。その時に、私が、そろそろ、単著を出版したいと話して、具体的な出版社名も挙げたところ、谷川さんがそれよりもいい出版社があると切り出した。それは、関西学院大学生活協同組合出版会のことで、たしかに蔵内数太著作集全五巻を出版している。生協の出版会を基に、本格的な大学出版会を作っていけばいいという話だった。

震災は数多くの建築物を倒壊させた。それは、不幸なできごとであったが、そこから新たな再建、復興計画が生まれる。何か新しいものを生み出したいという気運が生まれてくる。私は、谷川さんの新たな出版会創設計画に大きな魅力を感じ、積極的にそれを推進したいという気持ちになった。

そこで、まず、出版会設立に賛同する教員を各学部から集め、設立準備有志の会を作った。岡本仁宏（法）、田和正孝（文）、田村和彦（経＝当時）、広瀬憲三（商）、浅野考平（理＝当時）の各先生が参加し、委員会がまず設立された。また、経済学部の山本栄一先生から、おりに触れ、アドバイスをもらうことになった。

出版会を設立するうえで決めなければならないのは、まずその法人格をどのようにするかだが、これは、財団法人を目指す任意団体にすることにした。そして、何よりの懸案事項は、出版資金をどのように調達するかという点だった。あるときに、たしか当時、学院常任理事だった、私と同じ社会学部の高坂健次先生から山口恭平常務に会いにいけばいいと言われ、単身、常務の執務室に伺った。山口常務に出版会設立計画をお話し、資金を融通してもらいたい旨お願いした。山口さんは、社会学部の事務長を経験されており、そのときが一番楽しかったという話をされ、その後に、一言「出版会設立の件、承りました」と言われた。事実上、出版会の設立が決まった瞬間だった。

その後、書籍の取次会社と交渉するため、何度か東京に足を運んだ。そのとき、谷川さんと共に同行していたのが、今日まで、出版会の運営を担ってきた田中直哉さんである。東京出張の折には、よく酒を飲む機会があったが、取次会社の紹介で、高齢の女性が、一人で自宅の応接間で営むカラオケバーで、バラのリキュールを飲んだのが、印象に残っている。

取次会社との契約を無事済ませ、社会学部教授の宮原浩二郎編集長の下、編集委員会が発足し、震災から三年後の一九九八年に、最初の出版物が刊行された。

ところで、当初の私の単著を出版したいという目的はどうなったのか。出版会設立準備の傍ら、執筆にも勤しみ、第一回の刊行物の一冊に『資本主義と他者』を含めることがかなった。新たな出版会で刊行したにもかかわらず、書評紙にも取り上げられ、また、読売新聞が、出版記念シンポジウムに関する記事を書いてくれた。当時大学院生で、その後研究者になった方々から私の本を読んだという話を聞くことがあるので、それなりの反響を得ることができたのではないか。書店で『資本主義と他者』を手にとり、読了後すぐに連絡をくれたのが、当時大阪大学大学院の院生だった、山泰幸人間福祉学部長である。また、いち早く、論文に引用してくれたのが、今井信雄社会学部教授（当時、神戸大学の院生）で、今井論文は後に、日本社会学会奨励賞を受賞する。出版会の立ち上げが、新たなつながりを生み出していることは、私にとって大きな喜びであり、出版会が、今後も知的ネットワークを築いていくことを期待したい。

『資本主義と他者』1998年

資本主義を可能にしたものは？　他者の表象をめぐる闘争から生まれる、新たな社会秩序の形成を、近世思想、文学、美術等の資料をもとに分析する

草創期をふり返って

宮原《みやはら》　浩二郎《こうじろう》
関西学院大学名誉教授

関西学院大学出版会の刊行書が累計で五〇〇点に到達した。ホームページで確認すると、設立当初の一〇年間は毎年一〇点前後、その後は毎年二〇点前後のペースで刊行実績を積み重ねてきたことがわかる。あらためて今回の「五〇〇」という大台達成を喜びたい。

草創期の出版企画や運営体制づくりに関わった初代編集長として当時をふり返ると、何よりもまず出版会立ち上げの実務を担った谷川恭生氏の面影が浮かんでくる。当時の谷川さんは関学生協書籍部の「マスター」として、関学内外の多くの大学教員や研究者を知的ネットワークに巻き込みながら、学術書を中心に本の編集、出版、流通、販売の仕組みや課題を深く研究し、全国の書店や出版社、取次会社に多彩な人脈を築いていた。谷川さんに連れられて、東京の大手取次会社を訪問した帰りの新幹線で、ウィスキーのミニボトルをあけながら夢中で語り合い、気がつくともう新大阪に着いていたのをなつかしく思い出す。

数年後に病を得た谷川さんが実際に手にとることができた新刊書は当初の五〇点ほどだったはずである。今や格段に充実した刊行書のラインアップに喜び、深く安堵してくれているにちがいない。それはまた、谷川さんの知識経験や文化遺伝子を引き継いだ、田中直哉氏はじめ事務局・編集スタッフによる献身と創意工夫の賜物でもあるのだから。

草創期の出版会はまず著者を学内の教員・研究者に求め「関学の」学術発信拠点としての定着を図る一方、学外の大学教員・研究者にも広く開かれた形を目指していた。そのためすでに初期の新刊書のなかに関学教員の著作に混じって学外の大学教員・研究者による著作も見受けられる。その後も「学内を中心としながら、学外の著者にも広く開かれている」という当初の方針は今日まで維持され、それが刊行書籍の増加や多様性の確保にも少なからず貢献してきたように思う。

他方、新刊学術書の専門分野別の構成はこの三〇年弱の間に大きく変わってきている。たとえば出版会初期の五年間と最近五年間の新刊書の「ジャンル」を見比べていくと、現在では当初よりも全体的に幅広く多様化していることがわかる。「社会・環境・復興」（災害復興研究を含むユニークな「ジャンル」）や「経済・経営」は現在まで依然として多いが、いずれも新刊書全体に占める比重は低下し、「法律・政治」「福祉」「宗教・キリスト教」「関西学院」「エッセイその他」にくわえて、当初は見られなかった「言語」や「自然科学」のような新たな「ジャンル」が加わっている。何よりも目立つ近年の傾向は、「哲学・思想」や「文学・芸術」のシェアが顕著に低下する一方、「教育・心理」や「国際」、「地理・歴史」のシェアが大きく上昇していることである。

こうした「ジャンル」構成の変化には、この間の関西学院大学の学部増設（人間福祉、国際、教育の新学部、理系の学部増設など）がそのまま反映されている面がある。ただ、その背景には関学だけではなく日本の大学の研究教育をめぐる状況の変化もあるにちがいない。思い返せば、関西学院大学出版会の源流の一つに、かつて谷川さんが関学生協書籍部で編集していた書評誌『みくわんせい』（一九八八―九二年）がある。それは当時の「ポストモダニズム」の雰囲気に感応し、最新の哲学書や思想書の魅力を伝えることを通して、専門の研究者や大学院生だけでなく広く読書好きの一般学生の期待に応えようとする試みでもあった。出版会草創期の新刊書にみる「哲学・思想」や「文学・芸術」のシェアの大きさとその近年の低下には、そうした一般学生・読者ニーズの変化という背景もあるように思う。

関西学院大学出版会も着実に「歴史」を刻んできたことにあらためて気づかされる。これから二、三十年後、刊行書「一〇〇〇点」達成の頃には、どんな「ジャンル」構成になっているだろうか、今から想像するのも楽しみである。

『みくわんせい』
創刊準備号、1986 年

この書評誌を介して集った人たちによって関西学院大学出版会が設立された

関西学院大学出版会への私信

田中《たなか》　きく代《よ》
関西学院大学名誉教授

私は出版会設立時の発起人ではありませんでしたが、初代理事長の荻野昌弘さん、初代編集長の宮原浩二郎さんから設立のお話をいただいて、気持ちが高まりワクワクしたことを覚えています。発起人の方々の熱い思いに感銘を受けてのことで、「田中さん、研究発進の出版部局を持たないと大学と言えないよね」という誘いに、もちろん「そうよね!!」と即答しました。皆さんの良い本をつくりたいという理想も高く、何度も会合がもたれました。ことに『理』の責任者であった生協の書籍におられた谷川恭生さんのご尽力は並々ならないものであったと感謝しております。谷川さんを除けば、皆さん本屋さんの出版にはさほど経験がなく、苦労も多かったのですが、苦労よりも新しいものを生み出すことに嬉々としていたように思います。

私は、設立から今日まで、理事として編集委員として関わらせていただき、一時期には理事長の要職に就くことにもなりましたが、荻野さん、宮原さん、山本栄一先生、田村和彦さん、大東和重さん、前川裕さん、田中直哉さん、戸坂美果さんと、指を折りながら思い返し、多くの編集部の方々のおかげで、やってくることができたと実感しています。五〇〇冊記念を機に、まずは感謝を申し上げ、いくつか関西学院大学出版会の「いいとこ」を宣伝しておきたいと思います。

「関学出版会の『いいとこ』は何?」と聞かれると、本がとても「温かい」と答えます。出版会の出版目録を見ていると、それぞれの本が出来上がった時の記憶が蘇ってきますが、どの本も微笑んでいます。教員と編集担当者が率先して一致協力して運営に関わっていることが、妥協しないで良い本をつくろうとすることからくる真剣な取り組みとなっているのです。出版会の本は丁寧につくられ皆さんの心が込められているのです。

また、本をつくる喜びも付け加えておきます。毎月の編集委員会では、新しい企画にいつもドキドキしています。私事ですが、私は歴史学の研究者の道を歩んできましたが、同時にどこかでいつか本屋さんをやりたいという気持ちがあったことは否定できません。関学出版会では、自らの本をつくる時など特にそうですが、企画から装丁まですべてに自分で直接に関わることができるのですよ。こんな嬉しいことがありますか。

皆でつくるということでは、夏の拡大編集委員会の合宿も思い出されます。毎夏、有馬温泉の「小宿とうじ」で実施されてきましたが、そこでは編集方針について議論するだけではなく、毎回「私の本棚」「思い出の本」「旅に持っていく本」などなどの議題が提示されました。自分の好きな本を本好きの他者に「押しつけ?!」、本好きの他者から「押しつけられる?!」楽しみを得る機会が持てたことも私の財産となりました。夕食後には皆で集まって、学生時代のように深夜まで喧々諤々の時間を過ごしてきたことも楽しい思い出です。今後もずっと続けていけたらと思っています。

記念事業としては、設立二〇周年の一連の企画がありましたが、記念シンポジウム「いま、ことばを立ち上げること」では、田村さんのご尽力で、「ことばの立ち上げ」に関わられた諸氏にお話しいただき、本づくりの大切さを再確認することができました。今でも「投壜通信」という「ことば」がビンビン響いてきます。文字化される「ことば」に内包される心、誰かに届けたい「ことば」のことを、本づくりの人間は忘れてはいけないと実感したものです。

インターネットが広がり、本を読まない人が増えている現状で、今後の出版界も変革を求められていくでしょうが、大学出版会としては、学生に「ことば」を伝える義務があります。ネット化を余儀なくされ「ことば」を伝えるにも印刷物ではなくなることも増えるでしょう。だが、学生に学びの「知」を長く蓄積し生涯の糧としていただくには、やはり「本棚の本」が大切だと思います。出版会の役割は重いですね。

『いま、ことばを立ち上げること』
K.G.りぶれっとNo. 50、2019年

2018年に開催した関西学院大学出版会設立20周年記念シンポジウムの講演録

ふたつの追悼集

田村《たむら》　和彦《かずひこ》
関西学院大学名誉教授

荻野昌弘さんの原稿で、一九九五年の阪神淡路の震災が出版会誕生の一つのきっかけだったことを思い出した。今から三〇年前になる。ぼく自身は一九九〇年に関西学院大学に移籍して間もなくだった。震災との直接のつながりは思いつかないが、新たな出発に向けての思いが大学に満ちていたことは確かである。

ぼく自身と出版会とのかかわりは、当時関学生協書籍部にいた谷川恭生さんに直接声をかけられたことから始まる。谷川さんの関西学院大学出版会発足にかけた情熱については、本誌で他の方々も触れているとおりである。残念ながら、出版会がどうやら軌道に乗り始めた二〇〇四年にわずか四九歳で急逝した谷川さんには、翌年に当出版会が出した追悼文集『時（カイロス）の絆』に学内外の多くの方々が思いを寄せている。出版会についていえば、前身には発足の十年近く前から谷川さんが発行していた書評誌『みくわんせい』があったことも忘れえない。『みくわんせい』のバックナンバーの書影は前記追悼集に収録されている。出版会を立ちあげて以来発行されてきたこの小冊子『理』にしても、最初は彼が構想する大学発の総合雑誌の前身となるべきものだったと記憶している。「理」を「ことわり」と読むことにこだわったのも彼である。谷川さんのアイデアは尽きることなく広がり、何度かの出版会主催のシンポジウムも行われた。そんななか、出版会が発足してからもいつもは外野のにぎわわせ役を決めこんでいたぼくに、谷川さんから研究室に突然電話が入り、「編集長になりませんか」という依頼があった。なんとも闇雲な頼みで、答えあぐねているうちにいつの間にやら引き受けることになってしまった。その後編集長として十数年、その後は出版会理事長として谷川さんが蒔いた種から育った出版会の活動を、不十分ながら引き継いできた。

関学出版会を語るうえでもう一人忘れえないのが山本栄一氏で

ある。山本さんは阪神淡路の震災の折、ちょうど経済学部の学部長で、ぼく自身もそこに所属していた。学部運営にかかわる面倒なやり取りに辟易していたぼくだが、震災の直後に山本さんが学部活性化のために経済学部の教員のための紀要刊行費を削って、代わりに学部生を巻きこんで情報発信と活動報告を行う経済学部広報誌『エコノフォーラム』を公刊するアイデアを出したときには、それに全面的に乗り、編集役まで買って出た。それをきっかけに学部行政以外のつき合いが深まるなかで、なんとも型破りで自由闊達な山本さんの人柄にほれ込むことになった。発足間もない関学出版会についても、学部の枠を越えて、教員ばかりか事務職にまで関学随一の広い人脈を持つ山本さんの「拡散力」と「交渉力」が大いに頼みになった。一九九九年に関学出版会の二代目の理事長に就かれた山本さんは、毎月の編集会議にも、当時千刈のセミナーハウスで行なわれていた夏の合宿にも必ず出席なさった。堅苦しい会議の場は山本さんの一見脈絡のないおしゃべりをきっかけに、どんな話題に対しても、誰に対しても開かれた、くつろいだ自由な議論の場になった。本の編集・出版という作業は、著者だけでなく、編集者・校閲者も巻きこんで、まったくの門外漢や未来の読者までを想定した、実に楽しい仕事になった。山本さんは二〇〇八年の定年後も引き続き出版会理事長を引き受けてくださったが、二〇一一年に七一歳で亡くなられた。没後、関学出版会は上方落語が大好きだった山本さんを偲んで『賑わいの交点』という追悼文集を発刊している。

出版会発足二八年、刊行点数五〇〇点を記念するにあたって特にお二人の名前を挙げるのは、お二人のたぐいまれな個性とアイデアが今なお引き継がれていると感じるからである。二つの追悼集のタイトルをつけたのは実はぼくだった。いま、それを久しぶりに紐解いていると関西学院大学出版会の草創期の熱気と、それを継続させた人的交流の広さと暖かさとが伝わってくる。

『時（カイロス）の絆』
谷川恭生追悼文集、
2005年（私家版）

21名の追悼寄稿文と、谷川氏の講義ノート・『みくわんせい』の軌跡を収録

『賑わいの交点』
山本栄一先生追悼文集、
2012年（私家版）

39名の追悼寄稿文と、山本先生の著作目録・年譜・俳句など

連載

スワヒリ詩人列伝

小野田　風子

第8回　政権の御用詩人、マティアス・ムニャンパラの矛盾

スワヒリ語詩、それは東アフリカ海岸地方の風土とイスラム的伝統に強く結びついた世界である。そのなかで、内陸部出身のキリスト教徒として初めてシャーバン・ロバート（本連載第2回〔『理』59号〕参照）に次ぐ大詩人として認められたのが、今回の詩人、マティアス・ムニャンパラ（Mathias Mnyampala, 1917-1969）である。

ムニャンパラは一九一七年、タンガニーカ（後のタンザニア）中央部のドドマで、ゴゴ民族の牛飼いの家庭に生まれる。幼いころから家畜の世話をしつつ、カトリック教会で読み書きを身につけた。政府系の学校で法律を学び、一九三六年から亡くなるまで教師や税務署員、判事など様々な職に就きながら文筆活動を行った。これまでに詩集やゴゴの民族誌、民話など十八点の著作が出版されている（Kyamba 2016）。

詩人としてのムニャンパラの最も重要な功績とされているのは、「ンゴンジェラ」（ngonjera）注1という詩形式の発明である。独立後のタンザニアは、初代大統領ジュリウス・ニェレレの強い指導力の下、社会主義を標榜し、「ウジャマー」（Ujamaa）と呼ばれる独自の社会主義政策を推進した。ニェレレは当時のスワヒリ語詩人たちに政策の普及への協力を要請し、詩人たちはＵＫＵＴＡ（Usanifu wa Kiswahili na Ushairi Tanzania）という文学団体を結成した。ＵＫＵＴＡの代表として政権の御用詩人を引き受けたムニャンパラが、非識字の人々に社会主義の理念を伝えるのに最適な形式として創り出したのが、ンゴンジェラである。これは、詩の中の二人以上の登場人物が政治的なトピックについて議論を交わすという質疑応答形式の詩である。ムニャンパラがまとめた詩集『ＵＫＵＴＡのンゴンジェラ』（*Ngonjera za Ukuta I & II*, 1971, 1972）はタンザニア中の成人教育の場で正式な出版前から活用され、地元紙には類似の詩が多数掲載された。

ムニャンパラの詩はすべて韻と音節数の規則を完璧に守った定型詩である。ンゴンジェラ以外の詩では、言葉の選択に細心の注意が払われ、表現の洗練が追求されている。詩の内容は良い生き方を諭す教訓的なものや、物事の性質や本質を解説するものが目立つ。詩のタイトルも、「世の中」「団結」「嫉妬」「死」など一語が多く、詩の形式で書かれた辞書のようでさえある。美徳や悪徳、無力さといった人間に共通する性質を扱う一方、差別や植民地主義への明確な非難も見られ、人類の平等や普遍性について

書いた詩人と大まかに評価できよう。

一方、ムニャンパラのンゴンジェラは、それ以外の詩と比べて深みや洗練に欠けると言われる。ムニャンパラは「庶民の良心」であることを放棄し、「政権の拡声器」に成り下がったとも批判されている（Ndulute 1985: 154）。知識人が無知な者を啓蒙するというンゴンジェラの基本的な性質上、確かにそこには、人間や物事の単純化や、善悪の決めつけ、庶民の軽視が見られる。人間の共通性や普遍性に焦点を当てるヒューマニズムも失われている。表現の推敲の跡もあまり見られず、政権のスローガンをただ詩の形式に当てはめただけのようである。以下より、ムニャンパラのンゴンジェラが収められている『ＵＫＵＴＡのンゴンジェラⅠ』と、一般的な詩が収められている『ムニャンパラ詩集』（*Diwani ya Mnyampala*, 1965）、そして『詩の教え』（*Waadhi wa Ushairi*, 1965）から、実際にいくつか詩を見てみよう。

『ＵＫＵＴＡのンゴンジェラⅠ』内の「愚かさは我らが敵」では、「愚か者」が以下のように発言する。「みんな私をバカだと言う　学のない奴と／私が通るとみんなであざけり　友達でさえ私を笑う／悪口ばかり浴びせられ　言葉数さえ減ってきた／さあ、確かなことを教えてくれ　私のどこがバカなんだ?」それに対し、「助言者」は、「君は本当にバカだな　そう言われるのももっともだ／だって君は無知だ　教育されていないのだから／君は幼子、背負われた子どもだ／教育を欠いているからこそ　君はバカなのだ」と切り捨てる。その後のやり取りが続けられ、最後には「愚か者」が、「やっと理解した　私の欠陥を／勉強に邁進し　愚かさから抜け出そう／そして味わおう　読書の楽しみを／確かに私は　バカだったのだ」と改心する（Mnyampala 1970: 14-15）。

一方、『詩の教え』内の詩「愚か者こそが教師である」では、「愚か者」についての認識に大きな違いがある。詩人は、「愚か者はこし器のようなもの　知覚を清めることができる／愚か者こそが、賢者を教える教師なのである」（Mnyampala 1965b: 55）と、ンゴンジェラとは異なる思慮深さを見せる。また、上記のンゴンジェラに見られる教育至上主義は、『詩の教え』内の別の詩「高貴さ」とも矛盾する。

たとえば人の服装や金の装身具／あるいは大学教育や宗教の知識に驚かされることはあっても／それが人に高貴さをもたらすわけではない　そういったものに惑わされるな／服は高貴さとは無縁だ　高貴さとは信心なのだ
高貴さとは信心である　読書習慣とは関係ない／スルタンであることや、ローマ人やアラブ人であることでもない／それは心の中にある信心　慈悲深き神を知ること／騒乱は高貴さには似合わない　高貴さとは信心なのだ（Mnyampala 1965b: 24）

同様の矛盾は、社会主義政策の根幹であったウジャマー村についての詩にも見出せる。一九六〇年代末から七〇年代にかけて、平等と農業の効率化を目的として、人工的な村における集団農業の実施が試みられた。『UKUTAのンゴンジェラ』内の詩「ウジャマー村」では、政治家が定職のない都市の若者に、村に移住し農業に精を出すよう諭す。若者は「彼らが言うのだ　私たちは町を出ないといけないと／ウジャマー村というが　何の利益があるんだ？」と疑問を投げかけ、「この私がどんな利益を上げられるだろう？／体には力はなく　何も収穫することなどできない」、「なぜ一緒に暮らさないといけないのか　どういう義務なのか？／せっかくの成果を無駄にして　もっと貧しくなるだろう」と移住政策の有効性を疑問視し、「私はここの馴染みだ　私の人生は町にある／私はここで丸々肥えて　いつも喜びの中にある／もし村に住んだなら　骨と皮だけになってしまう」と懸念する。それに対し政治家は、「町を出ることは重要だ　共に村へ移住しよう／恩恵を共に得て　勝者の人生を歩もう」、「みんなで一緒に住むことは　国にとって大変意義のあること／例えば橋を作って洪水を防ぐことができる／一緒に耕すのも有益だ　経済的成果を上げられる」とお決まりのスローガンを並べるだけである。にもかかわらず若者は最終的に、「鋭い言葉で　説得してくれてありがとう／怠け癖を捨て　鍬の柄を握ろう／そして雑草を抜いて　村に参加しよう／ウジャマー村には　確かに利益がある」と心変わりをするのである（Mnyampala 1970: 38-39）。

この詩は、その書かれた目的とは裏腹に、若者の懸念の妥当性と、政治家の理想主義の非現実性とを強く印象づける。以下の詩を書いたときのムニャンパラ自身も、この印象に賛同してくれるはずである。『ムニャンパラ詩集』内の詩「農民の苦労」では、農業の困難さが写実的かつ切実につづられる。

はるか昔から　農業には困難がつきもの／まずは原野を開墾し　枯草を山ほど燃やす／草にまみれ　一日中働きづめだ／農民の苦労には　忍耐が不可欠

忍耐こそが不可欠　心変わりは許されぬ／毎日夜明け前に目を覚まし／すぐに手に取るのは鍬　あるいは鍬の残骸／農民の苦労には　忍耐が不可欠

森を耕しキビを植え　草原を耕しモロコシを植え／たとえ一段落しても　いびきをかいて眠るなかれ／動物が畑にやってきて　作物を食い荒らす／農民の苦労には　忍耐が不可欠（三連略）

いつ休めるのか　いつこの辛苦が終わるのか／イノシシやサルに　怯えて暮らす苦しみが？／収穫の稼ぎを得る前から　疑念が膨らむばかり／農民の苦労には　忍耐が不可欠

キビがよく実ると　私はひたすら無事を祈る／すべての枝が花をつける時　私の疑いは晴れていく／そして鳥たちが舞い

降りて　私のキビを狙い打ち／農民の苦労には　忍耐が不可欠（一連略）
農民は衰弱し　憐れみを掻き立てる／その顔はやせ衰え　見る影もない／すべての困難は終わり、農民はついに収穫する　みずからの終焉を／農民の苦労には　忍耐が不可欠
(Mnyampala 1965a: 53-54)

　ウジャマー村への移住政策は遅々として進まず、一九七〇年代に入ると武力を用いた強制移住が始まる。しかしムニャンパラはタンザニア政治が暴力性を帯びる前、一九六九年に亡くなった。『詩の教え』内の「政治」という詩には、「国民に無理強いするのは、政府のやることではない」という一節がある（Mnyampala 1965b: 5）。ムニャンパラがもう少し長く生き、社会主義政策の失敗を目の当たりにしていたなら、「政権の拡声器」か「庶民の良心」か、どちらの役割を守っただろうか。

　ムニャンパラは、時の政権であれ、身近なコミュニティであれ、そこから期待された役割を忠実に演じきった詩人と言えるだろう。そのような詩人を前にしたとき、われわれはつい、詩人自身の思いはどこにあるのかと問いたくなる。しかしスワヒリ語詩において重要なのは個人の思いではなく、詩がその時代や社会において良い影響を与え得るかどうかである。社会情勢が変われば詩の内容も変わる。よって本稿のように、詩人の主張が一貫していないことを指摘するのは野暮なのだろう。

　社会主義政策は失敗に終わったが、ンゴンジェラは現在でも教育的娯楽として広く親しまれている。特に教育現場では、子どもたちが保護者等の前で教育的成果を発表するための形式として重宝されている。自由詩の詩人ケジラハビ（本連載第6回〔『理』71号〕参照）は、ムニャンパラの功績を以下のように称えた。「都会の人も田舎の人もあなたの前に腰を下ろす／そしてあなたは彼らを楽しませ、一人一人の聴衆を／ンゴンジェラの詩人へと変えた！」(Kezilahabi 1974: 40)。

（大阪大学　おのだ・ふうこ）

注1　ゴゴ語で「一緒に行くこと」を意味するという（Kyamba 2022: 135）。

参考文献

Kezilahabi, E. (1974) *Kichomi*, Heineman Educational Books.
Kyamba, Anna N. (2022) "Mchango wa Mathias Mnyampala katika Maendeleo ya Ushairi wa Kiswahili", *Kioo cha Lugha* 20(1): 130-149.
Kyamba, Anna Nicholaus (2016) "Muundo wa Mashairi katika *Diwani ya Mnyampala* (1965) na Nafasi Yake katika Kuibua Maudhui" *Kioo cha Lugha* Juz. 14: 94-109.
Mnyampala, Mathias (1965a) *Diwani ya Mnyampala*, Kenya Literature Bureau.
—— (1965b) *Waadhi wa Ushairi*, East African Literature Bureau.
—— (1970) *Ngonjera za UKUTA Kitabu cha Kwanza*, Oxford University Press.
Ndulute, C. L. (1985) "Politics in a Poetic Garb: The Literary Fortunes of Mathias Mnyampala", *Kiswahili* Vol. 52 (1-2): 143-162.

【4～7月の新刊】

『未来の教育を語ろう』
關谷 武司［編著］
A5判 一九四頁 二五三〇円

【近刊】 ＊タイトルは仮題

『宅建業法に基づく重要事項説明Q&A 100』
弁護士法人 村上・新村法律事務所［監修］

『教会暦によるキリスト教入門』
前川 裕［著］

『ローマ・ギリシア世界・東方』
ファーガス・ミラー古代史論集
ファーガス・ミラー［著］
藤井 崇／増永理考［監訳］

KGりぶれっと60
『学生たちは挑戦する』
開発途上国におけるユースボランティアの20年
村田 俊一［編著］
関西学院大学国際連携機構［編］

【好評既刊】

『ポスト「社会」の時代』
社会の市場化と個人の企業化のゆくえ
田中 耕一［著］
A5判 一八六頁 二七五〇円

『カントと啓蒙の時代』
河村 克俊［著］
A5判 二二六頁 四九五〇円

『学生の自律性を育てる授業』
自己評価を活かした教授法の開発
岩田 貴帆［著］
A5判 二〇〇頁 四四〇〇円

『破壊の社会学』
社会の再生のために
荻野 昌弘／足立 重和／山 泰幸［編著］
A5判 五六八頁 九二四〇円

KGりぶれっと59
『基礎演習ハンドブック 第三版』
さぁ、大学での学びをはじめよう！
関西学院大学総合政策学部［編］
A5判 一四〇頁 一三二〇円

※価格はすべて税込表示です。

好評既刊

絵本で読み解く 保育内容 言葉

齋木 喜美子［編著］

絵本を各章の核として構成したテキスト。児童文化についての知識を深め、将来質の高い保育を立案・実践するための基礎を学ぶ。

B5判 214頁 2420円（税込）

スタッフ通信

弊会の刊行点数が五百点に到達した。九七年の設立から二八年かかったことになる。設立当初はまさかこんな日が来るとは思っていなかった。ちなみに東京大学出版会の五百点目は一九六二年（設立一一年目）、京都大学学術出版会は二〇〇九年（二〇年目）、名古屋大学出版会は二〇〇四年（二三年目）とのこと。特集に執筆いただいた草創期からの教員理事長をはじめ、歴代編集長・編集委員の方々、そしてこれまで支えていただいたすべての皆様に感謝申し上げるとともに、つぎの千点にむけてバトンを渡してゆければと思う。（田）

コトワリ No. 75 2025年7月発行
〈非売品・ご自由にお持ちください〉

知の創造空間から発信する
関西学院大学出版会
K.G. University Press
〒662-0891 兵庫県西宮市上ケ原一番町1-155
電話 0798-53-7002 FAX 0798-53-5870
http://www.kgup.jp/ mail kwansei-up@kgup.jp

(4) 七ヶ浜町『七ヶ浜町震災復興計画　前期基本計画（2011-2015）更新版：復興まちづくり土地利用ガイドライン』（2014年3月）。

(5) 田中正人・高橋知香子・上野易弘（2009）「災害復興公営住宅における『孤独死』の発生実体と居住環境の関係――阪神・淡路大震災の事例を通して」『日本建築学会計画系論文集』第74巻第642号1813-1820頁。

(6) 日本建築学会編（2010）『現代集合住宅のリ・デザイン――事例で読む［ひと・時間・空間］の計画』彰国社。

(7) 小野田泰明・北野央・菅野實・坂口大洋（2009）「コミュニティ指向の集合住宅の住み替えによる生活変容とプライバシー意識」『日本建築学会計画系論文集』第74巻第642号1699-1705頁。

(8) 財団法人こうべ市民福祉振興協会（2000）『神戸発3つのLSA事業』。

(9) 七ヶ浜町『被災地域の新たなコミュニティにおける高齢者地域見守り支援計画策定事業報告書』（2014年3月）。

参考文献

東北関東大震災・共同支援ネットワーク地域支え合い情報編集委員会編（2014）「まちの仕組み⑲住民主体の見守り体制構築へ（宮城県七ヶ浜町）」『月刊地域支え合い情報』20号。

佃悠・小野田泰明・松浦秋江（2013）「復興期における住宅再建ニーズの変化に関する研究」『日本建築学会東日本大震災2周年シンポジウム』277-280頁。

藤田涼子・佃悠・小野田泰明（２０１３）「東日本大震災後の住宅再建ニーズの変化要因に関する考察」『日本建築学会学術講演梗概集２０１３（建築計画）』１３８９－１３９０頁。

堀田祐三子・近藤民代・阪東美智子編（２０１４）『これからの住まいとまち―住む力をいかす地域生活空間の創造』朝倉書店。

おわりに

あるリスクを避けることが別のリスクを引き起こしてしまうという意味で、さまざまなリスクの間にトレードオフの関係があることは少なくない。たとえば高台移転は、津波リスクの回避という点では有効な選択であろうが、海とともに暮らしてきた多くの漁民にとっては、移転にともなう生業からの距離化という別のリスクを引き受けるという選択でもあり得る。あるいは、避難はしたものの避難先での生活になかなかなじめず孤立・孤独化してしまうなど、リスク間のトレードオフの例はいたるところに存在する。本書に収められた諸論考は、復興と居住地移動をキーワードに、無数にあるリスク間のこのような関係性を読み解き、社会的公正に照らした最適解へと再配置するための「リスクデザイン」のあり方を考え将来に向けて活かしていくうえで、数多くの有意義な論点を含んでいる。ご活用いただければ幸いである。

長谷川計二　関西学院大学総合政策学部教授
関西学院大学特定プロジェクト研究センター「リスクデザイン研究センター」センター長

執筆者紹介（掲載順）

堀田祐三子（ほりた・ゆみこ）
和歌山大学観光学部教授

小川知弘（おがわ・ともひろ）
関西学院大学総合政策学部非常勤講師、関西学院大学特定プロジェクト研究センター「リスクデザイン研究センター」客員研究員、NPO 法人リスクデザイン研究所副理事長

荒木裕子（あらき・ゆうこ）
公益財団法人ひょうご震災記念 21 世紀研究機構 人と防災未来センター研究員

高澤由美（たかさわ・ゆみ）
首都大学東京都市環境学部特任准教授

石塚裕子（いしづか・ゆうこ）
大阪大学未来戦略機構第五部門特任助教

田中正人（たなか・まさと）
NPO 法人リスクデザイン研究所理事長、株式会社都市調査計画事務所代表取締役、関西学院大学特定プロジェクト研究センター「リスクデザイン研究センター」客員研究員

石原凌河（いしはら・りょうが）
公益財団法人ひょうご震災記念 21 世紀研究機構 人と防災未来センター研究員

竹田茉耶（たけだ・まや）
和歌山大学大学院観光学研究科博士後期課程

澤田雅浩（さわだ・まさひろ）
長岡造形大学建築・環境デザイン学科准教授／地域協創センター副センター長

塚本　卓（つかもと・たかし）
特定非営利活動法人気仙沼まちづくりセンター、気仙沼まちづくり支援センターセンター長

宮定　章（みやさだ・あきら）
認定 NPO 法人まち・コミュニケーション代表理事

石塚直樹（いしづか・なおき）
公益社団法人中越防災安全推進機構復興デザインセンター・チーフコーディネーター、特定非営利活動法人せんだい・みやぎ、NPO センターみやぎ連携復興センター事務局長

佃　　悠（つくだ・はるか）
東北大学大学院工学研究科都市・建築学専攻助教

K.G. りぶれっと No. 39
復興と居住地移動

2016年1月25日 初版第一刷発行

編　者　リスクデザイン研究センター
（関西学院大学特定プロジェクト研究センター）

NPO法人 リスクデザイン研究所

発行者　田中きく代
発行所　関西学院大学出版会
所在地　〒662-0891
兵庫県西宮市上ケ原一番町1-155
電　話　0798-53-7002

印　刷　協和印刷株式会社

ISBN 978-4-86283-212-2

関西学院大学出版会「K・G・りぶれっと」発刊のことば

大学はいうまでもなく、時代の申し子である。

その意味で、大学が生き生きとした活力をいつももっていてほしいというのは、大学を構成するもの達だけではなく、広く一般社会の願いである。

研究、対話の成果である大学内の知的活動を広く社会に評価の場を求める行為が、社会へのさまざまなメッセージとなり、大学の活力のおおきな源泉になりうると信じている。

遅まきながら関西学院大学出版会を立ち上げたのもその一助になりたいためである。

ここに、広く学院内外に執筆者を求め、講義、ゼミ、実習その他授業全般に関する補助教材、あるいは現代社会の諸問題を新たな切り口から解剖した論評などを、できるだけ平易に、かつさまざまな形式によって提供する場を設けることにした。

一冊、四万字を目安として発信されたものが、読み手を通して〈教え―学ぶ〉活動を活性化させ、社会の問題提起となり、時に読み手から発信者への反応を受けて、書き手が応答するなど、「知」の活性化の場となることを期待している。

多くの方々が相互行為としての「大学」をめざして、この場に参加されることを願っている。

二〇〇〇年　四月